www.ingramcontent.com/pod-product-compliance
Ingram Content Group UK Ltd.
Pitfield, Milton Keynes, MK11 3LW, UK
UKHW041845190726
13854UKWH00002B/730

9 789198 154184

الطريق إلى آشور

الطريق إلى آشور

دعوة إلى التجدّد القومي

أفرام يعقوب

TIGRIS PRESS

أفرام يعقوب : الطريق إلى آشور - دعوة إلى التجدّد القومي

العنوان الأصلي بالسويدية :

Vägen till Assyrien - en uppmaning till nationell förnyelse

الترجمة من الإنكليزية : أنور أتّو

الطبعة الأولى

2021

طُبع من قبل مطبوعات دجلة :

Tigris Press, P.O.B 180, 151 22 Södertälje, Sweden, www.tigrispress.com

صُمم من قبل مطبوعات دجلة

صورة الغلاف : خارطة آشور المقدمة من أحد المندوبين الآشوريين إلى مؤتمر باريس للسلام

من منشورات مجموعة كتب بين النهرين

Courtesy of the Mesopotamian Book Collection

ISBN 978-91-981541-8-4

المحتويات

المقدّمة

يقال إنّ من يخفقون في التعلّم من التاريخ محكوم عليهم تكراره. نحن الآشوريين لم نستوعبْ هذا التحذير، وبتنا محكومين على مدى أجيال بالإخفاق المرة تلو الأخرى، وقد حان الوقت للنظر إلى الخلف لنستطيع المضي قدماً إلى الأمام. إنّ الإجابات عن تساؤلاتنا ومعالجة إحباطاتنا المشتركة كامنة في ماضينا المشترك، وما زلنا لم نظهر خصالنا الجديدة، وندرس تاريخنا بدون قيود ونسبر أعماقه، ونواجه ماضينا بكل قسوته إذ أنّ سبر الماضي الأليم في مراحله الطويلة يقدّم لنا فرصة لإطلاق قوى جديدة بداخلنا، ويولّد القناعة فينا أنّ الأوان لم يفت بعد على الأمة الآشورية لتقرير مصيرها، فتاريخنا الطويل مشبع باليأس، لكنّ مستقبلنا اللامحدود مشرق، وقد بدأ للتوّ إذا كانت تلك مشيئتنا.

لقد قدّم أشخاص عديدون دعمهم لهذا الكتاب بطرق مختلفة، ولا يسعني إلا أنّ أعبّر عن امتناني الدائم لدعمهم هذا، وأود أن أقدّم شكري الخاص للناشطة كارا هرمز لما أبدته من آراء ثاقبة في محتوى الكتاب. كما أود أن أشكر السيد أنور أتّو على تطوعه لترجمة هذا الكتاب من اللغة الانجليزية الى العربية و تخصيصه لساعات طويلة لهذا الغرض. لولا مساعدته المتفانية لما كانت هذه النسخة العربية تصبح حقيقة واقعة. وبالمثل، فقد عرض السيد ادورد اوراها متطوعا مراجعة الترجمة لذا انا ممتن جدا للطفهم وعملهم من أجل اتاحة الكتاب لعدد أكبر من الآشوريين.

ستوكهولم : شباط ٢٠٢٠
أفرام يعقوب

لنعتمد على أنفسنا فقط لتحقيق خلاصنا وخلاص آشور

جاك كوريك

١

تطوّر الهويّة القومية

علينا أن ننظر بعيداً إلى الخلف لنستطيع فهم الوضع الحالي للشعب الآشوري. إنّ التاريخ يعطينا القدرة على استكشاف القوى التي ساهمت في تكوين الأمّة الآشورية، ويقدّم لنا فهماً أوضح لسبب تصرفها على هذا النحو.

التحوّلات

نميل إلى اعتبار الهوية العرقية شيئًا ثابتًا لا يتغيّر. عندما ننظر بإمعان في التاريخ البعيد، نبدأ في إدراك أنه يمر بالفعل بتغيّر مستمرّ. هذا هو الحال إلى حدّ كبير مع الهوية الآشورية التي شهدت تحولات دراماتيكية، فقد تشكّلت كهويّة عرقيّة دينيّة محليّة في المنطقة بالقرب من نهر دجلة الأعلى منذ أكثر من أربعة آلاف عام. عندما أسّس الآشوريون القدماء مملكتهم التي توسعت لاحقًا إلى إمبراطورية شاسعة، فقد غيّروا العالم من حولهم كما تغيّروا هم أيضاً. لقد طوّرت الإمبراطورية الآشورية، من أجل تأمين قوة طويلة الأمد، استراتيجية تعتمد على الحركة الديموغرافية على نطاق لم يشهده العالم من قبل، وكانت هذه الإستراتيجية، من بين أمور أخرى، تعني أن مئات الآلاف من الأشخاص من مختلف الأعراق يعيشون في آشور. لقد أظهرت الأبحاث التاريخية أنه بمرور الوقت اندمج هؤلاء الغرباء في الأغلبية الآشورية، وكانت إحدى نتائج هذه السياسة طويلة الأمد هي أن الهويّة الآشوريّة تطوّرت من كونها محليّة وعرقيّة لتصبح إقليميّة وقوميّة. كونك

آشوريًا لم يعد يعني أن تكون آشوريًا عرقيًا، بل أن تكون جزءًا من أمّة ذات حكم مشترك ورموز ودين ولغة وثقافة مشتركة. يمكننا أن نتصوّر عمليات مماثلة تحدث في العديد من البلدان اليوم من خلال الهجرة.

عندما انهارت الإمبراطورية الآشورية في نهاية المطاف قبل حوالي ٦٠٠ عاماً من المسيحية، ظلّ السكّان يتمتّعون بهوية قوميّة تطوّرت وتشكّلت على مدى أجيال. أصبح الآشوريون، بسبب خسارتهم لدولتهم القوميّة، غائبين نسبيًا عن مسرح التاريخ في القرون التالية، ومع ذلك، يمكننا تمييز وجودهم في مصادر تاريخية مختلفة من الفرس واليونان والرومان وغيرهم من القوى التي تعاقبت في المنطقة.

ظهر الآشوريون مرة أخرى كمجموعة مميزة، منفصلة عن الآخرين بعد أن خضعوا لتحوّل جديد بعيد اعتناقهم المسيحية، ليس كمواطني مملكة مستقلة ولكن هذه المرة كمسيحيين مجتمعين في كنائس مستقلة. إنّ ظهور كنائس متعددة في آشور أثبت أن الشعور بالانتماء القومي قد استمرّ بعد انهيار الإمبراطورية الآشورية قبل قرون. كان هذا بمثابة تحوّل ثانٍ وجذري حيث تمّ توسيع مفهوم الهويّة وإعادة تعريفها من خلال المسيحيّة، فالانتماء إلى المجموعة يعني أن يتم التعميد والاندماج في الكنيسة.

سرعان ما بدأ تغيير آخر في الظهور في القرن الخامس، حيث ظهر انقسام الكنيسة الآشورية إلى فرعين أي كنيستين. بدا ظاهريًا أن الانقسام قام على تفسيرات مختلفة للكتاب المقدس، ولكن في الواقع، كانت استراتيجية ذات دوافع سياسية للمحافظة على الوجود، وكان الدافع الأساسيّ هو أنّ يعيش الآشوريون في ظلّ قوى أجنبية مختلفة تطالب رعاياها بالولاء. لقد أنشأ الآشوريون تحت الحكم الفارسي وأولئك الذين عاشوا في ظلّ روما الشرقيّة كنائس منفصلة وسمات مختلفة بمرور الوقت مثل اللهجات وغيرها

من أشكال التعبير الثقافي المتميّز، واحتاجت كلتا المجموعتين إلى الابتعاد عن بعضهما البعض لتجنّب التشكيك في ولائهما من قبل الحكّام المعنيين. كانت المجموعتان الكنسيّتان اللتان ظهرتا هما الكنيسة الآشورية الأرثوذكسية (رسميًا الكنيسة السّريانية الأرثوذكسية) وكنيسة المشرق (الآن كنيسة المشرق الآشورية). يعني هذا التحوّل الثالث أن المجموعة تنقسم في الانتماء إلى كنائس مختلفة وإلى حدّ ما في الشعور بالهوية القوميّة، والتي بدأوا في التعبير عنها أكثر فأكثر من خلال المجموعة الكنسيّة التي ينتمون إليها. ومع ذلك، فقد بقي الجوهر الداخلي لهويتهم القومية على حاله لأنهّم استمرّوا في العيش في منطقة جغرافية موحدة، يتحدّثون ويكتبون لغة مشتركة ويشتركون في الدين والتسمية العرقيّة.

لقد خضع التصنيف العرقي بمرور الوقت لتغييرات مختلفة وتغيّر معناه. تظهر الاكتشافات الأثرية أن لفظ آشورايي الأصلي قد تمّ اختصاره بالفعل إلى سورايي أو سوروويي قبل ولادة السيد المسيح. عندما اعتنق الآشوريون المسيحية، أصبحت مصطلحات سورايي أو سوروويي مع مرور الوقت مرادفة لكلمة مسيحيين بين الآشوريين، كما انتشر الشكل المختصر من آشورايي إلى سورايي في اللغات الأجنبيّة، فمنذ عصور ما قبل المسيحية، ظهرت مصطلحات الآشوريين والسريان، وكذلك آشور وسوريا في مصادر تاريخية مختلفة.

لم تنتهِ تحوّلات الهوية الآشوريّة باعتناق المسيحيّة، فقد تلا التغيير الرابع بعد حوالي خمسة عشر قرنًا من التحوّل الثالث، حين بدأت الأفكار القومية في نهاية القرن التاسع عشر تثير التساؤلات بين الآشوريين حول هويتهم، وألهمت المثل القومية المزيد من الناس للنظر إلى الوراء إلى عصور ما قبل المسيحية، والتواصل مع ما اعتبروه هوية أصيلة ومشتركة. لقد حثّ عدد متزايد من هؤلاء المثقفين أبناء شعبهم على أن الوقت قد حان للنظر إلى ما وراء

الخطوط الفاصلة التي نتجت عن انقسام الكنائس، والتوحّد في هوية آشورية مشتركة. بينما شملت التغييرات السابقة الناس تدريجياً، كان التحول الرابع مفاجئاً وغير متوقع كما أنه لم ينته بعد، ولا يزال غير مكتمل إلى حدّ ما، فلم يكن كل الآشوريين يريدون النظر إلى ما وراء الهوية الكنسية، وبالتالي واجهت الحركة القومية مقاومة منذ منتصف القرن العشرين، وقد أدّى ذلك إلى ظهور حركات بديلة في أوساط الشعب تدعو إلى هويّات عرقية مختلفة على أساس الانتماء الكنسي، وقد زاد هذا في تشويش المفاهيم داخليًا بين أوساط الشعب الآشوري وكذلك خارجيًا بين غير الآشوريين.

رغم هذا التشرذم، فإن الهوية الآشورية هي قصّة نجاح، فقد صمدت لآلاف السنين وخضعت للعديد من التغييرات المختلفة والعميقة. خلال كل عصر أعدنا تعريف هويتنا وعبّرنا عنها بطرق جديدة. إن أشوريي اليوم هم نتاج هذه الأطوار والتغييرات المختلفة، ويبقى أن نرى المسار الذي ستّتخذه الهويّة الجمعيّة، وما إذا كان الشعب الآشوري سيخرج سليماً من التحوّل الرابع.

المسيحية كاستراتيجية للبقاء

أثّرت المسيحية على الثقافة الآشورية إلى حدّ كبير وأدّت إلى تغيير جوهري في الهوية مع المساهمة في الحفاظ عليها. أسّس الآشوريون كنائسهم الخاصة في مرحلة مبكرة، مطالبين باستقلالهم عن الكنيسة الكاثوليكية في روما على الرغم من الاضطهاد والضغط الشديد ليكونوا تابعين لها، لذلك تجنبوا الذوبان في المجتمع المسيحي الأوسع، واحتفظوا بشخصيتهم الفريدة. كان على الكنائس الآشورية أثناء انتشار الإسلام بعد عدة قرون،

أن تساهم مرّة أخرى في بقاء الشعب الآشوري حيث استمرّ في التمسّك بدين آخر غير دين الأغلبية المسلمة الجديدة في المنطقة والحفاظ على طابعه المميّز. لذلك أصبحت المسيحيّة والكنائس المستقلة مرّة أخرى آلية حماية ساعدت على تجنب ذوبان الشعب في الأغلبيّة. لقد ساعدت الكنائس المستقلة الآشوريين في تأمين نوع من الاستقلال غير السياسي وغير الرسمي تحت حكم العديد من القوى الأجنبية عبر القرون، مثلما استخدمت دول أخرى استراتيجيات مماثلة لتعزيز استقلالها، ففي بلدان مثل السويد وإنجلترا، أنشأ القادة السياسيون كنائس وطنية للحفاظ على هويتهم واستقلالهم في مواجهة روما.

على الرغم من أن بعض الآشوريين تحوّلوا إلى الكاثوليكية في القرن السادس عشر واعترفوا بالبابا كرأس لكنائسهم، إلا أنّهم لم يتخلّوا عن هويتهم. لقد طالبوا وحصلوا على مكانة خاصّة ككنائس موحّدة لها لغتها وهويتها وتقاليدها، ومن الممكن أيضًا اعتبار هذه الظاهرة بمثابة استراتيجية للبقاء. واجه الآشوريون بحلول القرن الخامس عشر صعوبات أكبر في صد الهجمات واضطهاد المسلمين لهم. وقد حصلوا على بعض الحماية السياسيّة من الغرب من خلال التحالف مع البابا في روما. لقد واجه الآشوريون قبل ألف عام ضغوط الكنيسة الكاثوليكية، لكنّهم قاموا الآن بإجراء تقييم مختلف واتّخذوا إجراءات كانت تعتبر في السابق غير قابلة للتصور.

بينما يمكن النظر إلى المسيحيّة على أنّها استراتيجية غير معلنة لبقاء الهوية الجماعية، يمكن اعتبارها أيضًا قوّة مضادّة. بمرور الوقت، تآكلت وحلّت محلّ الهوية العرقية، والتي تم دفعها إلى الخلف. كان الآشوريون منغمسين بعمق في هوياتهم الكنسية قبل أن تنتشر بينهم أفكار القومية في نهاية القرن التاسع عشر، وتبخّر الشعور بأنهم أمّة إلى حدّ كبير على الرغم من أنّهم ما زالوا

يتشاركون في الأرض واللغة والتسمية والذاكرة الباهتة للعصور القديمة في ظلّ الآلهة الوثنية.

التطرّف مقابل الحضارة

يظهر انتشار المسيحية والإسلام في الشرق الأوسط أنماطًا مثيرة للاهتمام ويدلّ على أمر مهمّ عن الآشوريين أيضًا، ويظهر هذا النمط من خلال فحص القواسم المشتركة بين الشعوب التي اختارت المسيحية في وقت مبكر. كان العديد منهم ورثة لحضارة قديمة. لقد حافظوا على مسيحيّتهم على الرغم من الضغط الهائل لاعتناق الإسلام، فالآشوريون والأرمن والأقباط أمثلة واضحة على ذلك، بينما لم يكن لدى العديد من الشعوب الذين تحوّلوا إلى الإسلام تقاليد حضارية.

لا يزال من الممكن تمييز الاختلافات العامة في الشخصية وأنماط السلوك بين الفئتين، حيث تميل الجماعات الإسلامية إلى التأرجح بين الأيديولوجيات المتطرفة، لا سيما في شكل التعصب الديني والعرقي. لقد عاش الأكراد والآشوريون إلى حدّ كبير في المنطقة نفسها على مدى القرون القليلة الماضية، لكن لا يزال لديهم عقليات مختلفة تمامًا. يتميز الأكراد بشكل عام، بالأيديولوجيات القومية المتطرّفة أو الدينية المتعصّبة، وانجذب الكثير منهم كمسلمين إلى الأفكار الدينية المتعصّبة، وهاجموا و اضطهدوا الأشوريين وسواهم من غير المسلمين. كقوميين كانوا مستعدّين لارتكاب أعمال عنف بما في ذلك القتل والطرد والهجمات على الآشوريين وسواهم من غير الأكراد. من الصعب العثور على دليل على أنماط سلوكية مماثلة بين الأشوريين عمومًا، لا كمسيحيين ولا كقوميين.

أحد الاستنتاجات التي يمكن أن نستخلصها من هذه الأنماط

السلوكية العامة هو أن الناس الذين ورثوا أقدم حضارة يبدو أنهم أقل انجذابًا للتطرّف ويظهرون قدرًا أكبر من التسامح. بالنسبة للآشوريين، فقد عمل هذا الموقف الأساسي في غير صالحنا لأننا معرضون لبيئة أقل تسامحًا من حولنا.

الإنسانيّون الأوائل

طوّر الآشوريون بمرور الوقت، نموذجهم الخاص من المسيحية الذي يتميّز ببعض الخصائص غير العادية، فقد مجّدوا الاستشهاد إلى درجة غير عادية، وتطوّرت لديهم فلسفة رفض العالم المادي إلى حدّ كبير. كما أنهم طبّقوا أساليب سلميّة تختلف عن المسيحيين الآخرين. لقد دافع اليونانيون والأرمن والروس وغيرهم من الجماعات الأرثوذكسية عن القيم المسيحية مثل قلب الخد الآخر، لكن عندما يتعلق الأمر بالسياسة والحفاظ على الأمة، فقد قاموا بتثقيف أتباعهم في المبدأ غير المشروط للعين بالعين، والسّنّ بالسّنّ.

"من أتى إلينا بالسيف فبالسيف يهلك" هو قول مشهور لألكسندر نيفسكي، القائد العظيم الذي أنقذ روسيا من الغزوات في القرن الثالث عشر، والذي تم تطويبه من قبل الكنيسة الأرثوذكسية الروسية في القرن السادس عشر. لقد رتّل المطران الروسي سيرجي خلال هجوم ألمانيا النازية على موسكو، الصلاة التالية: "أيها الربّ الرحيم، امنحنا النصر وإيماننا بقوة النور ضدّ الظلام، وقوّة العدالة ضدّ الشر والوحشية، وقوّة الصليب فوق الصليب المعقوف. فليكن ذلك آمين." كما أنّ حرب الاستقلال اليونانية، التي أطلقها الرهبان والأساقفة في الكنيسة الأرثوذكسية اليونانية، تعتبر مثالاً آخر.

لا يمكن تصوّر مثل هذا العمل بين الطبقات العريضة للمسيحية

الآشورية. على الرغم من وجود اختلافات طفيفة بين الكنائس الآشورية المختلفة، إلا أنه من الصعب إيجاد قومية واضحة. في نص من عام ١٨٤٧ حول مذبحة قام بها الأكراد ضدّ الآشوريين في مدينة ألقوش عام ١٨٣٢، يوضح الكاهن المحلي يوسب عباية موقفًا لطالما كان نموذجًا للفكر والعمل الآشوريين:

> يفضل الكثيرون، رجالاً ونساءً، أن يتعرّضوا للتعذيب والموت على التخلي عن عقيدتهم وإنكار دينهم. كانوا أقوياء وقالوا بصوت واحد: " لن نخون ربنا يسوع مخلص العالم. نحن نضحي بدمائنا من أجله. لقد قُتلوا وهم يرددون بصوت عالٍ: نموت من أجلك، مخلّص العالم. ١

خلال جميع المجازر والاعتداءات التي تعرض لها الناس، لا توجد أمثلة على آشوري كنيفسكي أو سيرجي. لقد طبّق الآشوريون التعاليم المسيحية بقلب الخدّ الآخر حتى عند مواجهة الذين أبادوهم، وكانوا عادة يتلقّون الضربة تلو الأخرى دون الردّ أو الدفاع عن أنفسهم وبدلاً من ذلك، نرى تعزيزًا تدريجيًا لفلسفة الزهد وتمجيد الاستشهاد. يمكن القول إن الناس فهموا المسيحية ولكنهم أساءوا فهم العالم من حولهم، وهو سوء تقدير أدّى بدون شك إلى دفع ثمن باهظ. لقد لخّص أحد ممثّلي الآشوريين إلى مؤتمر باريس للسلام بعد الحرب العالمية الأولى التاريخ الطويل المظلم والنتيجة التي آلت إليها بالكلمات التالية:

> إن أمتنا الآشورية، التي كانت ذات يوم قويّة جدًا وباتت اليوم صغيرة جدًا، قد تبنت ودعت إلى مبادئ الدين المسيحي وكذلك الحضارة والإنسانية بين الشعوب البربرية في آسيا منذ بداية المسيحية. بسبب هذه المهمة الشجاعة، تعرّضت أمتنا لاضطهاد رهيب ومذابح على يد أعداء غير مسيحيين. لقد هلك الناس وعُذّبوا واستشهدوا. تمّ تدمير المدارس والكنائس والمكتبات. ٢

من الأغلبية إلى الأقلية

كان الآشوريون ميسوري الحال نسبيًا وازدهروا لمئات السنين بعد الانتقال إلى المسيحية على الرغم من الاستمرار في خسارة سلطتهم. ومع ذلك، بدأ الناس منذ القرن التاسع وما بعده، يواجهون صعوبات متزايدة حيث تخلى الخلفاء المسلمون عن تسامحهم لصالح إسلام أكثر عدوانية. بالإضافة إلى ذلك، كانت هناك غزوات لاحقة للأتراك والأكراد من الشمال الشرقي وأخيراً هجمات المغول الدموية. هذه الأحداث العنيفة والدموية أنهت الحضارة الآشورية المسيحية. لقد وصف المؤرخ هرمز أبونا هذا التطور السلبي في كتابه الآشوريون والأكراد والعثمانيون: العلاقات بين الطوائف على أطراف الإمبراطورية العثمانية بالكلمات التالية:

> وقد تفاقم هذا التدهور بسبب الاضطهاد المستمر والتطهير العرقي من خلال موجات متواصلة من الغزاة الأجانب والمستوطنين الذين توجهوا إلى آشور لملء الفراغ الذي خلّفه دمار تيمور والقضاء على الغالبية العظمى من السكان الأصليين. ٣

استمر التراجع بلا هوادة مع الانتكاسات المستمرة. لقد توالت المجازر والإبادة الجماعية والتهجير حتى الآن، وأحدث مثال على ذلك الدمار الذي خلّفه تنظيم الدولة الإسلامية في عام ٢٠١٤، إذ تم تقليص الأغلبية الآشورية السائدة سابقاً في موطنها الأصلي إلى أقلية صغيرة.

كان وضع الأقلية يعني أيضًا لعدة قرون فرض ولاءات مختلفة على الآشوريين. على سبيل المثال، كان لكل عشيرة كردية رئيسية عشيرة آشورية مخلصة ستكون دائمًا على استعداد للمساعدة، فإذا كان على العشيرة الكردية في أي وقت تسوية حسابات مع الآشوريين الآخرين، فمن المتوقع أن تكون العشيرة الآشورية

التابعة لها موالية للعشيرة الكرديّة وتقاتل ضد بني جلدتها. وبناءً على ذلك، فإن منزلة الأقلية تعني المزيد من الضعف، وعدم القدرة على مقاومة العنف والضغط.

الهويّة الآشورية

بدأت الأفكار القومية بالانتشار بين الآشوريين في أواخر القرن التاسع عشر، وأدت إلى ظهور حركة ركزت على الهوية العرقية والقومية المشتركة بدلاً من الهويات الكنسية المختلفة التي كانت سائدة حتى ذلك الحين، فالهوية الآشورية تدعو إلى توحيد الآشوريين من مختلف الجماعات الكنسية تحت هوية قومية واحدة، والسعي للاستقلال في آشور. ومع ذلك، سرعان ما واجهت الحركة القومية انتكاسات كبيرة على شكل مذابح وطرد وإبادة جماعية عام ١٩١٥. على الرغم من أن الحركة الآشورية تعافت جزئيًا واكتسبت قوة جديدة مع الأجيال الجديدة، إلا أنّها ظلّت ضعيفة، فقد غدا حلم الاستقلال مجرد حلم يبدو بعيدًا بشكل متزايد مع مرور كل عام. لقد أصيب أجيال من القوميين الآشوريين بالإحباط بسبب عدم تحقيق النجاح، ورأوا كيف حصل شعب تلو الآخر على الاستقلال، في حين أن جهودهم الخاصة التي استمرّت لأكثر من قرن لا تظهر أي أمل في النجاح.

٢

العواقب الوخيمة

لقد خاضت الحركة القومية الآشورية التي ظهرت في نهاية القرن التاسع عشر كفاحًا من أجل الحرية لأكثر من مائة عام دون إحراز أيّ تقدّم، ودون أن نتوصّل إلى معرفة تفسير هذا الإخفاق.

المسألة الأبديّة

لماذا لا تستطيع الحركة الآشورية ترجمة الأقوال إلى أفعال؟ لماذا لا يبدو أنّها قادرة أبداً على الاستفادة القصوى من فرصها أو إحراز أيّ تقدم؟ ما سبب شللها الظاهر وضعفها الواضح؟ هذه ليست قضيّة جديدة، لكنها قديمة قدم الحركة نفسها، وقد فكر الروّاد في هذا الأمر بالفعل في مراحله الأولى. كان آشور يوسف، الذي عاش في مدينة خربوط في آشور من ١٨٥٨ إلى ١٩١٥، من أوائل المفكرين الآشوريين الذين حاولوا الإجابة عن هذا السؤال، فقد أشار في مقال بعنوان "أسباب تخلّف الآشوريين"، إلى الخلافات الداخلية بين الجماعات الكنسية، والجهل، من بين أمور أخرى، وأن الشعب يعيش وسط ما أسماه "العشائر والناس غير المتحضرين". يبدأ نصّه بهذا الرأي:

> بالإشارة إلى الماضي التاريخي المجيد والمتطور للآشوريين ومقارنة بوضعهم الحالي المتراجع وغير المرغوب فيه، نريد أن نوضح أن السبب الرئيسي لتخلفهم عن الآخرين يمكن العثور عليه في الماضي. لا يحدث تقدّم أو تراجع

> أيّ شعب خلال يوم أو عام، بل في سنوات وقرون، وهكذا فقد الآشوريون المتحضرون موقعهم لسبب ذي طبيعة سياسية أساساً. منذ أن فقد الآشوريون استقلالهم وتوقفوا عن كونهم أمّة مؤثرة، تعرّضوا للطغيان من قبل الأنظمة القمعية التي وصفها إرميا بقوة هائلة في رسائله النبويّة. ٤

لقد حدث الكثير في أكثر من ١٠٠ عام مضت منذ أن كتب آشور يوسف أفكاره. ومع ذلك، فقد استمر بدون توقّف، التراجع المطّرد للحركة الآشورية والوجود الآشوري، مما أعطى الأجيال الجديدة الفرصة لإعادة النظر في هذه المسألة. في كتابه "الدخلاء: تاريخ الآشوريين في السويد" من عام ٢٠١٢، كتب كابرييل أفرام، المؤلف والقائد السابق للحركة الآشورية في السويد:

> لماذا أخفقت الحركة الآشورية؟ أودّ أن أقول بناءً على تجربتي الخاصة: من القادر على تشخيص وتقديم علاج لمرض الآشوريين يستحقّ جائزة نوبل في الطب. رغم أنّ هذه المهمّة مستحيلة، لكننا يجب أن نجد العلاج بأنفسنا، إذ لا يمكننا الاعتماد على الغرباء لحلّ مشاكلنا فعلينا أن نفعل ذلك بأنفسنا. لطالما طرحت أسئلة كثيرة حول أسباب ذلك، دون أن يتمكّن أيّ شخص من إعطاء الجواب الشافي، فمن الواضح أنّ هناك عوامل أخرى عديدة ليس عاملاً واحداً بغيضاً يقف في طريقنا ويمنعنا من تحقيق التقدّم. ٥

العامل الثابت

يمكن لأولئك الذين يدرسون التاريخ الحديث للآشوريين أن يلاحظوا أنّه بغض النظر عن المحيط والمصطلحات والسياق

والظروف، فإننا كنا نتراجع بشيء تلو الآخر، إذ من الواضح أن الشعب الآشوري في حالة من التدهور ديموغرافيًا وسياسيًا وعسكريًا وتنظيميًا وحتى ثقافيًا، وقد تواصل تدهورنا بغض النظر عن كوننا مجزئين أو موَحّدين أو منظَّمين أو كنّا في المهاجر أو تحت حكم قوى الاحتلال في آشور، فالانتكاسات تشبه الخيط المشترك في تاريخ الحركة الآشورية. لقد أصبحنا اليوم أضعف ديموغرافيًا وعسكرياً، ومهمَّشين جدّاً سياسيًا وتحت تهديد وجودي أكبر مما كنّا عليه قبل مائة عام، على الرغم من عقود من النضال. لم نخفق في إحراز أيّ تقدّم فحسب بل تراجعنا إلى الوراء في كل قضيّة بعد أخرى. إنه أمر مُلفت، على أقلّ تقدير، وفشلنا البارز يميّزنا حقًا عن الأمم الأخرى مما جعل بعض الآشوريين المعروفين مثل كابرييل أفرام يصف حالتنا بأنها مرض غامض، فما الذي يمكن أن يفسّر مثل هذه الظاهرة؟

مقارنات

كثيرًا ما نسرد ونكرّر جميع المحن التي واجهناها لتبرير الإخفاق في تحقيق أيّ تقدّم: الإبادة الجماعية عام ١٩١٥، ووعد بريطانيا العظمى بالحكم الذاتي، والأنظمة المتشددة في الشرق الأوسط، والقمع العام، والحروب المتكررة وغيرها من المصاعب. يميل أغلبنا إلى قبول هذه الحجة المنطقية على ما يبدو، ولكن إذا تعمّقنا في الأمر سنجد أن الأرمن واليهود والأكراد وغيرهم قد واجهوا مصائب مماثلة، فلسنا الوحيدين الذين عانوا من نكسات وبيئة معادية. وعلى الرغم من المحن المماثلة، فإنّ هذه الشعوب قد أحرزت تقدمًا منذ أن بدأت نضالها الوطني.

رداً على ذلك يزعم العديد من الآشوريين أن المقارنة غير

عادلة لأننا لم نتلقَّ مساعدات خارجية مماثلة. ومع ذلك، إذا نظرنا إلى المساعدات التي تلقتها المجموعات الثلاث المذكورة، يمكننا أن نرى أن أهميتها كانت إلى حدّ ما مبالغ فيها، وأنها عادة ما تكون تكملة إضافية لنضالها. لقد اضطر الأرمن إلى خوض عدة معارك بمفردهم في السنوات التي أعقبت الإبادة الجماعية عام ١٩١٥ مباشرة، واكتسبت الحركة اليهودية اعترافًا سياسيًا من خلال إعلان بلفور، لكنّ إسرائيل لم تكن لتتحول إلى حقيقة لولا استمرار الحركة من تلقاء نفسها. أيد أعداء النظام العراقي انتفاضة الزعيم الكردي مصطفى البرزاني، لكن فقط بعد أن حمل السلاح وشن حرب عصابات لعدة سنوات.

إنّ الادّعاء بأن الآشوريين لم يتلقّوا أي مساعدة يمكن أيضا أن يكون موضع تساؤل، فالمساعدات اختلفت بمرور الوقت والمجال والأسباب المختلفة، منها الجهود العسكرية والإنسانية المبذولة من روسيا وبريطانيا العظمى وفرنسا خلال سنوات الفوضى أثناء وبعد الحرب العالمية الأولى. إنّ محاولة شرح نكساتنا المستمرة بسبب المساعدة التي قدّمها الآخرون أو انسحبوا منها يوفّر نقطة انطلاق خاطئة للمناقشة.

الذرائع

الحجة المتكررة التي أصبحت حقيقة لا يمكن إنكارها بين الآشوريين هي أن السبب الرئيسي لسوء حظّنا هو الافتقار إلى الوحدة في الماضي والحاضر. ولكن إذا كانت الوحدة شرطًا أساسيًا لنجاح النضال القومي، فمن المحتمل أن يكون آخرون في الموقف نفسه. لم يتّحد الأكراد أبدًا، وقد أعاقتهم الانقسامات اللغوية والجغرافية والسياسية والاجتماعية على شكل عشائر، وأدّى انقسامهم إلى صراع داخلي دموي، ومع ذلك فقد أحرزوا تقدّما في عدد من

المجالات كما شهدت الحركة القومية اليونانية انقسامات واقتتالاً داخلياً عميقاً، وتأثّرت الحركة الصهيونية أيضاً. يُظهر التاريخ أنّ الوحدة الكاملة هي أسطورة ولا تلعب الدور الذي يعتقد الكثير من الناس أنها تؤدّيه لتأمين الدعم الخارجي أو تحقيق النجاح.

قد يجادل البعض بأن فشلنا يرجع أيضًا إلى ضعف القيادة. بالطبع، كان هناك قادة سيئون، لكن من غير المعقول الادّعاء بأن جميع الأفراد الذين قادوا الشعب لأكثر من مائة عام لم يكونوا أكفّاء.

هناك حجّة شائعة أخرى تركّز على حجم السكّان وما يُشار إليه غالبًا على أنه حقائق على الأرض، وأن التقدّم قد توقف بسبب انخفاض عدد الآشوريين، خاصّة بعد الإبادة الجماعية عام ١٩١٥، لكن إذا لعب حجم السكان دورًا حاسمًا في النضال من أجل التحرير، فلم يكن ممكناً أبدًا إعلان دولة إسرائيل. كان اليهود يشكّلون حوالي ٣٠ في المائة فقط من سكان البلاد وقت الاستقلال. وبالمثل، كان يجب أن تقوم دولة كردية منذ عقود في شرق تركيا حيث يشكّل الأكراد الأغلبية هناك.

في الواقع، يمكن وصف وضعنا في بداية القرن العشرين بالمقارنة مع آخرين بأنّه أفضل بكثير، فقد بلغ عدد السكان الآشوريين في ذلك الوقت أكثر من ربع مليون في آشور، حسب المبشرين والدبلوماسيين والممثلين الآشوريين في ذلك الوقت. كان لديهم أيضا أسلحة وقوات خاصة. كان هناك خلال الفترة نفسها، حوالي سبعين ألف يهودي فقط يشكّلون أقلّ من ١٠ في المائة من السكان في إسرائيل التاريخية. لم يكن هناك أيّ جيش يهودي أو ملّاك للأراضي، بالكاد احتاجت الحركة الصهيونية إلى أكثر من ثلاثة عقود من النضال الشاقّ لتحقيق نقاط قوّة إستراتيجية مماثلة على الأرض التي تمتع بها الآشوريون بالفعل في نهاية الحرب العالمية الأولى.

لا يزال إلقاء اللوم على البريطانيين شائعًا بين القوميين الآشوريين المعاصرين. استخدم البريطانيون أساليب خادعة للترويج للخلاف الداخلي، وهمّشوا مطالبنا السياسية خلال مؤتمرات السلام وتلاعبوا بالقادة الآشوريين. من المحتمل أن البريطانيين كانوا مذنبين بكل هذا فقد روّجوا لمصالحهم الخاصة، والتي لا تتوافق دائمًا مع مصالحنا. لقد واجهت حركات قومية أخرى هذا النوع من المقاومة والتلاعب، فقد حاول البريطانيون الحدّ من الهجرة اليهودية إلى إسرائيل وبطرق مختلفة وسَعَوا إلى تأخير العملية التي كانت الحركة الصهيونية تحاول دفعها إلى الأمام، كما وُعد الأكراد بالحكم الذاتي بعد الحرب العالمية الأولى، لكن سرعان ما اختبروا كيف ضحّت القوى العظمى بهم. في حين أنّ اليهود والأكراد قد تقدّموا بقضيّتهم بشكل كبير منذ هذه النكسات، بينما استمرّ انحدار الآشوريين.

قد يجادل البعض بأن تراجعنا يتوقّف على مجموعة من العوامل المختلفة، وليس مجرد عامل واحد. هذه الحجة أيضا منافية للعقل، فمن الممكن تصوّر تجربة الحظّ السيئ في بعض النواحي وبعض المواقف، ولكن من غير المرجّح أن تكون أمّة بأكملها غير محظوظة دائمًا في جميع مساعيها لأكثر من مائة عام.

لذلك من المحتمل جدًا أن تبدو كل هذه الحجج وكأنها نصوص مسبقة، فنحن نحاول تفسير تراجعنا المستمر خارج أنفسنا، ونلقي باللوم بشكل أساسي على الآخرين، ونادرًا ما نسأل أنفسنا عما إذا كانت هناك أسباب داخلية لانحدارنا الذي لا ينتهي، وعلى مدى عقود، عملت المناقشة العامة بين الناس على صرف الانتباه عن السبب الحقيقي.

عقلية الضحية الجماعية

في علم النفس، من المعروف منذ فترة طويلة أن الفرد يمكنه تطوير عقلية الضحية. ومع ذلك، لم يكن الباحثون قادرين إلا مؤخّرًا على تحديد الحالة العقلية المماثلة في مجموعات من الأفراد. يمكن أن يتطوّر ما يسمى بعقلية الضحية الجماعية في مجموعة من الناس، (باللغة الإنجليزية: Collective victimhood mentality) على سبيل المثال لدى مجموعة عرقية ما كاستجابة لواحدة أو أكثر من الصدمات التي تعرّضت لها، حيث تبدأ عندما تعرّضت هذه المجموعة لمذبحة أو إبادة جماعية أو حدث فردي آخر أو سلسلة من الأحداث التي يُنظر إليها على أنّها غير عادلة وغير أخلاقية. ليس كل أعضاء المجموعة بحاجة إلى أن يتأثّروا جسديًا بالحدث لتطوير عقلية الضحية الجماعية إذ يكفي أن يدرك أعضاء المجموعة أن بعضهم قد تأثّر لاعتباره هجومًا أو تهديدًا ضدّهم من خلال روابطهم الوثيقة مع المجموعة. ويمكن أن يؤدّي القمع والتمييز السياسي المنهجي أيضًا إلى حدوث صدمة داخل المجموعة.

قد تختلف عقلية الضحية الجمعية إذ تشير المؤشّرات الشائعة إلى أنّ المجموعة تشعر بتعاطف أقلّ مع معاناة الآخرين، وتشعر بالحقّ في الانتقام من الظلم الذي عانت منه، وتنظر دائمًا إلى نفسها على أنها الضحية حتى عندما تكون في الواقع هي الجانية. عبّر الصّرب والبولنديون واليهود والعديد من الجماعات العرقية الأخرى عن أشكال مختلفة من شعور الضحية الجماعية بسبب الأحداث الماضية. وفقًا لدانييل بار تال، الباحث الإسرائيلي في علم النفس السياسي، يعتقد الباحثون أن المجموعات تميل إلى تحويل خبراتها الهامّة إلى رموز، خاصة المعاناة طويلة الأمد، في ذاكرتها الجماعية، حيث يمكن للذاكرة الجماعية أن تحافظ على

مدى أجيال على التأثّر بالمصائب. إذا كانت الأجيال الجديدة غير قادرة على مواجهة الشعور بالعجز في الماضي، فإن التصوّر العقلي للكارثة يستمر في ترابط أعضاء المجموعة، ومع ذلك، فبدلاً من زيادة ثقة المجموعة بالنفس، فإنّ الصورة الذهنية للأحداث الرهيبة التي أثّرت على المجموعة ترتبط باستمرار بالشعور بالعجز الذي يصفه الباحثون كما لو أنّ أعضاء المجموعة موجودون تحت "خيمة كبيرة من الضحية". يكون التركيز الجماعي دائمًا مدفوعًا بتجربة المجموعة السابقة في كونها ضحية لدرجة أن الهوية الجماعية بأكملها تدور حول كونها ضحية، ويتم الحفاظ على إحساس وذاكرة الضحية في الثقافة، ويتم نقلهما إلى الأجيال الجديدة من خلال أنماط سلوكية و مظاهر مختلفة. المجموعات التي تعاني من الضحية الجماعية غالبًا ما تُنمّي الشعور بالعجز والإذلال وانعدام السيطرة وعدم الثقة في المجموعة التي تقاومها والأوساط المحيطة بها. إنّ السّمة المشتركة أيضًا هي تطوير اعتقاد شائع أنه لا يوجد سوى القليل أو لا شيء يمكن للمجموعة فعله لتغيير وضعها، والذي بدوره يمكن أن يؤدي إلى حالة من اللامبالاة.

الأعراض والعواقب بالنسبة للآشوريين

اعتماداً على المعرفة الأساسية لعقلية الضحية الجماعية، يمكننا تفحّص أنفسنا وإلقاء نظرة أخرى على تاريخنا الحديث ووضعنا الحالي. هل من الممكن التعرف على أعراض عقلية الضحية في المجموعة الآشورية؟

تشير الأبحاث إلى أن المجموعة المصابة بهذه الحالة يتكوّن لديها سوء ثقة عميق في المجموعة المسبّبة للصدمة. يقول المثل

الآشوري المعروف: "إذا أعطاك مسلم تفاحة، فتأكّد من عمل ثقب في جيبك حتى تسقط". فالتحذير هو أن الآشوريين يجب أن لا يثقوا بالمسلمين في كل الظروف، وألّا يثقوا في أي فرد من هذه الخلفية. هذا المثل هو مثال على أحد أكثر أعراض عقلية الضحية الجماعية شيوعًا.

من الأعراض القوية الأخرى بين الآشوريين الشعور الجماعي بالعجز. إنه يتغلغل في الثقافة ليصبح موقفاً سائداً، ومن الأمثلة الواضحة على ذلك كيف كرّس الآشوريون أنفسهم بشكل شبه حصري لإصدار نداءات يائسة لطلب مساعدة العالم الخارجي. بالنسبة للكثيرين منا، هذا ما يجب على المنظمات فعله وهو الدافع للتنظيم. إن الشعور بأننا غير قادرين على إحداث التغيير بمفردنا مهيمن وجليّ لدرجة أننا لا نعتبره مشكلة، وطوال تاريخنا الحديث، عبّرنا عن افتقاد القوّة، والشعور بالإذلال، وانعدام السيطرة إضافة إلى ذلك عدم الثقة بالمجموعات المناهضة لنا والشك بها. وفوق كل شيء، تكوّنت لدينا قناعة عميقة بأنه لا يوجد ما يمكننا فعله لتغيير حالتنا إلا القليل أو لا شيء. إن وصف عقلية الضحية الجماعية يتوافق مع العديد من الظواهر بيننا نحن الآشوريين، وعلى وجه الخصوص مع أفعالنا الجمعية خلال تاريخنا الحديث، وهو تاريخ لدينا الآن الفرصة للنظر فيه من هذا الموقف الجديد وإعادة تقييمه.

إنّ هذه الحالة النفسية الخاصة لها آثار علينا تتجلّى في أنماط سلوكية عامّة مختلفة، ويمكن تقسيم آثارها إلى أربع سلوكيات تُصنّف على أنها هروب من الواقع أو التهربية والخضوع وفقدان القوّة والعجز واللامبالاة، يتم الحفاظ على كل منها بمرور الوقت من خلال ترسيخ نفسها في شكل أنماط سلوكية غير واعية. إنها تتداخل وتتنوع. هذا يعني أن شخصًا واحدًا أو عائلة يمكن أن تظهر واحدًا أو أكثر من هذه الأنماط السلوكية في الوقت ذاته.

يمكن للفرد أيضًا معارضة النمط في محيطه، وعدم اتّباع نمط سلوكي يعبّر عنه الآخرون المقربون منهم. قد يظهر الآشوريون في مجتمع ما، مثل قرية أو كنسية، نمطًا سلوكيًا أكثر أو أقلّ من غيرهم. يمكن تتبع الاختلافات في كثير من الأحيان إلى ظروف وأحداث معينة، والتي تحملها تلك المجموعة معها كذاكرة جمعية.

التهربيّة

عندما يصبح الشعور بالعجز التام في موقف ضعيف ويائس غامراً، لا يوجد عادة خيار آخر سوى اللجوء إلى قوة أعلى، إذ يمكن أن يوفّر الدّين ملاذًا عقليًا من واقع قاسٍ تشعر فيه بالعجز، وقد ترسّخ هذا الهروب العقلي إلى الدّين لدى الآشوريين وأصبح نمطًا سلوكيًا مؤسّسيًا قويًا للغاية. كل أولئك الذين هم على دراية بالتقاليد الآشورية والسلوك الاجتماعي للجماعة يدركون أن الكنائس لها دور حاسم وسيطرة على أعضائها. ينضم الكثير من الآشوريين إلى الكنائس ويدعمونها أكثر من دعم المنظمات المدنية أو السياسية، فأتباع الكنيسة هؤلاء لا يعتبرونها مجرد مؤسّسة دينية فحسب، ولكن كشيء أكثر من ذلك بكثير، بل من الممكن الادّعاء بأنّهم يعتبرونها الضامن الوحيد لبقاء الجماعة، فهم لا ينخرطون في الحركة القوميّة ولا يتعاطفون معها. تميل المسيحية الآشورية إلى تعزيز هذا السلوك الجمعي المتأصّل. تسير المسيحية بشكل عام والمسيحية الآشورية بشكل خاص جنبًا إلى جنب مع حالة الضحية الجمعية التي نشأت بين الأشوريين، والتي تعمّق الشعور بالعجز وتؤكد دور المجموعة كضحية. لقد قدمت الكنائس الآشورية نفسها على أنّها كنائس شهداء ولطالما كانت رمزية الشهداء والاستشهاد بارزة للغاية خاصّة في المسيحية الأرثوذكسية الآشورية. من ناحية أخرى، طوّر الأرمن والروس واليونانيون الأرثوذكس

شكلاً آخر من أشكال المسيحية حيث لعبت كنائسهم دورًا رائدًا في نضالهم القومي.

الخضوع

من المهم في العقلية الآشورية، إظهار أنّ المرء سوف يطيع الحاكم، بغض النظر عمن هو. لقد عُرضت صور لأتاتورك في تركيا، وعُرضت صور الأسد في سوريا، بينما عُرضت صور صدام ثم بارزاني في العراق. في بلدان مثل السويد، وضع الآشوريون الوافدون حديثًا صورًا للملك السويدي، كما أظهر الكثيرون ولاءً مفرطًا للدولتين العراقية والسورية، وتبنّى عدد كبير منهم الوطنية العراقية أو السورية ويعتبرون أنفسهم مجرد مسيحيين سوريين أو عراقيين، ويظهرون فخرًا مفرطًا بهذه الهويات المفروضة. توضّح هذه التجارب عقلية الخضوع الراسخة بعمق والتي أصبحت على مدى مئات السنين نمطًا سلوكيًا لاشعوريًا، حيث يُظهر معظم الآشوريين شكلاً من أشكال الطاعة السلبية، وبعبارة أخرى، يقبلون ببساطة العيش تحت سلطة غير آشورية. يشير هذا الخضوع النشط الذي تمت مناقشته هنا إلى هؤلاء الآشوريين الذين أخذوا هذا النمط السلوكي إلى مستوى جديد. لا بدّ لأي شخص منخرط في السياسة الآشورية أنّه قد لاحظ ظاهرة وجود أعداد من الآشوريين الذين يتعاونون مع القوى التي اضطهدتنا ويخضعون لها وهي تستمر في اضطهادنا. إن الأفراد والجماعات والمنظّمات التي استسلمت للعدو وعملت ضد مصالح نضالها الوطني أضعفت الشعب. إن النمط السلوكي الخاضع والسائد لدى قسم كبير من الآشوريين يعني أنّه من الطبيعي الخضوع لما يعتبرونه القوى الموجودة. وقد سعى الكثيرون للحصول على المساعدة من الآخرين،

حتى من الظالمين، بسبب الشعور السائد بالعجز الذي غرسه شعور الضحية الجمعية.

الآشوريون الذين يخونون أمتهم لا يعتبرون أنفسهم بالضرورة خونة، ويعتقدون أنّهم في الواقع يعزّزون وجودهم من خلال الخضوع للسلطات الموجودة، ومحاولة إخفاء ذلك وراء المصطلح الملطّف "التعاون".

العجز

لقد عجزت الحركة الآشورية من امتلاك عناصر القوّة بسبب شعور الضحية الذي ساد بيننا لقرون. تشمل القدرة الذاتية الشعور بالتحكّم في الظروف الخاصّة والشعور بأنه يمكن تغييرها ذاتيًا، وبدلاً من تعزيز القدرة، مارست الحركة القومية الآشورية ما يمكن وصفه على أفضل وجه بأنه الخيار الأفضل، الإيمان بالإنقاذ الخارجي، واقتصرت الجهود بشكل عام على محاولة توثيق الانتهاكات ضد الشعب وطلب المساعدة. في العقليّة الآشورية، هذا هو المبرر الوحيد لأي تنظيم إذ أنّ الالتقاء لتحقيق المساعدة الذاتيّة يعتبر أمرًا عديم الجدوى، ولا طائل من ورائه، بل وحتى أحمق، إذ يكشف الموقف عن الشعور الكامن بالعجز والقناعة بأنّنا لا نستطيع فعل أي شيء للتأثير على وضعنا، وإن طلب المساعدة هو ما تبقى، وهو شيء نقوم به منذ أكثر من مائة عام. يسود هذا النمط السلوكي كامل الحركة ونهجها. عندما تريد مجموعة شيئًا ما ولكن في الوقت نفسه تشعر بأنّها غير قادرة تمامًا على تحقيق هدفها، فمن السهل التمسك بقشة حتى إلى الحدّ الذي يعتقدون أن القوّة الأعلى ستمنحهم ما يسعون إليه، وهذا يفسر سبب انتشار الإشارة إلى فقرات في العهد القديم في الدوائر الآشورية كدليل

على الوعد الإلهي باستعادة آشور، لذلك كان متوقّعاً أن نرى، أنه على الرغم من قرن من الجهود، كيف ظلّت الحركة القوميّة ضعيفة وفاشلة وغير قادرة على التحرك.

إنّ إلقاء نظرة على الحِراك الآشوري في الشتات في العقود الأخيرة يقدّم دلائل أخرى، فقد تلقّى الشتات تدفقًا مستمرًا في شكل مئات الآلاف من الآشوريين المهاجرين، مع حرّية كاملة للعمل، ودعم مالي للأنشطة، وبيئة خيّرة ومستقرة بشكل عام في الدول الديمقراطية المضيفة، وعادة يجب أن يزدهر الحِراك الذي يتمتع بمثل هذه الظروف المواتية، ولكن بدلاً من ذلك، نرى أن الحياة التنظيمية الآشورية في الشتات تشبه الزهرة الذابلة بغض النظر عن مقدار الغذاء الذي يُقدّم لها. قد يزعم البعض أن الاندماج له تأثيره، وأن مجموعات الشتات الأخرى تظهر أيضًا اتجاهات سلبية مماثلة. لكن الحركات الأرمنية واليهودية والكردية في الشتات تظهر جميعها حيوية والتزامًا وقوة تنظيمية أكبر من الحِراك الآشوري. تساعد المقارنة مرة أخرى في توضيح أن مشاكل الآشوريين لا يمكن تفسيرها من خلال الظروف الفعلية، ولكن من خلال التأثير العام المعيق الذي يمارسه باستمرار شعور الضحية الجمعي.

اللّامبالاة

اللامبالاة هي المرحلة الذهنية النهائية للآشوريين الذين مرّوا بمراحل الخضوع والتهرّب والعجز التي تعبر عن نفسها في شكل اللامبالاة العامة والابتعاد اللاواعي عن أي شيء تفوح منه رائحة السياسة. تعني اللامبالاة أن الأفراد والعائلات والمجموعات بأكملها لا يبالون بشكل أو بآخر بوضع الجماعة. لا ينجذب هؤلاء

الأفراد للانخراط في المنظمات ويبتعدون عن الجمعيات والكنائس والأحزاب والمؤسسات الجمعية الأخرى. أحيانًا يكون هذا فعلًا صريحًا وواعيًا، ولكنّه في الغالب سلوك لاشعوري. ينشأ الفرد في عائلة أو قرية أو كنيسة أو أيّة بيئة أخرى يفتقر فيها إلى الإشارات إلى شعبه، والرموز القومية، والسياسة، والعمل التنظيمي، وفي كثير من الحالات يتم ترسيخ أنّ اللغة الآشورية ليست ضرورية أو أمراً مرغوبًا فيه، ويرث الأطفال الفكرة طبيعياً. بعد عدة أجيال، تحافظ الأسرة أو الأقارب على هذا الموقف دون تفكير. بطبيعة الحال، لا يمكنك أن تتوقّع أن يهتم جميع الأفراد ضمن الجماعة بالمشاركة في المجتمع حتى بدون شعور الضحية الجماعية. ومع ذلك، في حالة الآشوريين، يمكن ملاحظة أن هذا النمط السلوكي أكثر شمولاً ويمتدّ إلى ما هو أبعد مما يمكن اعتباره سمة طبيعية بين الجماعات، حيث يفسّر هذا النمط السلوكي الواسع الانتشار سبب بقاء عدد كبير من الآشوريين في الشتات، حيث تسود الحرية الكاملة، غير منخرطين في الحياة المجتمعية الآشورية وكذلك في المجتمع خارج جماعتهم.

النبوءة المحقّقة

كان لمزيج اللامبالاة، والهروب من الواقع، والخضوع والعجز تأثير قويّ في تقييد الشعب الآشوري ككل، وحركته القوميّة على وجه الخصوص. يتجنّب الكثيرون الحركة لأنّهم غير مبالين، والبعض الآخر يفرّون من الواقع ويتمّ دفعهم بمواردهم إلى الكنائس، كما أنّ الخضوع للأعداء يجعل فئة ثالثة تتصرّف ضدّ مصالح شعبها، وبالتالي تظلّ المجموعة الصغيرة من الأشوريين المنخرطين في الحركة القومية عاجزة وغير قادرة على إحراز أي تقدّم.

تشكّل هذه العوامل تأثيرًا خامسًا في شكل نبوءة محقّقة ذاتياً، فالآشوريون الذين هم في حالة من اللامبالاة أو الهروب من الواقع، والذين استسلموا أو فقدوا القدرة الذاتية يميلون إلى الاقتناع أكثر بأن الناس لا حول لهم ولا قوة عندما يرون عجز الحركة القوميّة المتكرر عن إحراز أي تقدّم، وهم يغوصون بعمق في أنماطهم السلوكية، والنتيجة هي حركة قومية تضعف بشكل تدريجي، حيث الموارد شحيحة والعجز عن تحقيق النتائج متسارع، وهذا بدوره يغذّي باستمرار حالة اللامبالاة والهروب من الواقع والاستسلام وعدم القدرة على التحرّك. كافة هذه الآثار الناجمة عن عقلية الضحية الجماعية تبقي الناس بعيدًا عن الحركة وبالتالي تبقي الحركة بعيدة من تحقيق أية نجاحات. وهكذا فإن عقلية الضحية الجماعية تحقق في النهاية حالة الاكتفاء الذاتي من خلال الحفاظ على نمط من السلوك يعززها باستمرار. يمكن وصف الأمر برمته بأنّه دوّامة متنامية مُدَمِرة تدفع ضحيتها نحو الانحلال النهائي. من هذا المنظور، كانت الجماعة الآشورية لفترة طويلة في صراع الموت المتسارع.

رؤى تم التغاضي عنها

حاول الزعيمان آشور يوسف وكابريال أفرام، بفاصل قرن بينهما، الإشارة إلى حالة الشعب الخاصّة. ومع ذلك، فهما بعيدان عن الذين أبدوا ملاحظات غير مباشرة حول تأثيرات هذا الوضع النفسي، فقد حدد العديد من الأفراد في مرحلة مبكّرة أن العجز هو الموقف القاتل للآشوريين.

في عام ١٩٧٢، بعد سنوات عديدة من الانخراط في الحركة القوميّة، كتب المفكر الآشوري ديفيد ب. بيرلي: "لقد كانت هذه

التجربة القوميّة القاسية درسًا واقعيًا للآشوريين لا يمكن إنكاره وهو تطوير أعلى درجة من الثقة، وحده فحسب يمكن أن يؤدّي إلى تحرير الأمة!" كتب الآشوري جورج ك.أوديشو: "هل يجب أن نقود أم ننقاد؟ وحدك فقط يمكنك الإجابة عن هذا السؤال، وقد يعتمد مستقبل شعبنا والعالم على إجابتك".

مفكّر آشوري آخر أقلّ شهرة هو جاك كوريك عمل من أجل القضية الآشورية في باريس خلال الحرب العالمية الأولى ونُشرت نصوصه في عام ٢٠١٥ باللغة السويدية تحت عنوان ج كوريك من كاربوران. إحدى رسائله بعنوان "إن لم نبنِ آشور بأيدينا، فلن تُخلق آشور أبدًا" وطبع في الجريدة الآشوريَة الناطقة بالفرنسية L'action التي نشرت في بيروت في ذلك الوقت:

> ماذا نطلب؟ (آشور)! وتتوقع أن تمنحك قوى المحور ذلك كهدية، وأنهم سيأتون ويضعونك على عرش شلمناصر وآشورناصربال! (...) دعونا لا نعتمد على ذلك، صدقوني، سيكون مضيعة للوقت. بينما نتردد، كل شيء يعمل ضدنا: الوقت، من في السلطة، الجيران. كل دقيقة تمر بها تخطف أحد آمالنا وأكثر من فرصة (...) هل كنا مجرد أبطال من أجل قضايا الآخرين؟ ليس لأنفسنا، من أجل (أشور)؟ لا مبادرة؟ لا طاقة؟ هل يجب أن يترك الخمول الشرقي أثره؟ هل ستذهب كل تضحياتنا وتلك الدماء النقيّة التي قدمها أبناؤنا عبثا؟ مرة أخرى، دعونا نعتمد فقط على أنفسنا من أجل خلاصنا وخلاص (أشور). (...) ٦

يواصل كوريك رسالته،ويسلّط الضوء على اللامبالاة بين الأشوريين:

> نحن متخلفون عن الأرمن والجورجيين وحتى التتار في أذربيجان! ومع ذلك، لم تكن هناك تطلعات أكثر عدلاً

> وشرعية من تطلعاتنا. متى نقرر أن نعمل؟ متى سنقرر تعويض الوقت الضائع؟ (...) أية عزيمة عند الأرمن ولماذا نحن نتردّد! متى نتغلب على لامبالاتنا! متى ننفض عنّا الغبار؟ الوقت يمر ولا يمكن استعادته، ونحن نقف عاقدين أذرعنا ويبدو أننا راضون أحيانًا بإرسال خطاب إلى اليسار وآخر إلى اليمين، ونردّ على بعض الصحفيين بحثًا عن الشهرة. هذه ليست الطريقة التي تنشأ بها الدول. ٧

لم يدرك كوريك مدى سخريّة السياسة العالمية فحسب، بل أدرك أيضًا أنه لن يأتي أحد لإنقاذنا و لم يكن لديه معرفة بعقلية الضحية الجمعية ويسأل أبناء وطنه:"لا مبادرة؟ لا طاقة؟ هل سيؤثر الخمول الشرقي؟" نحن نعلم الآن أنه لم يكن الخمول الشرقي ما أعاق الآشوريين، بل كان شيئًا أكثر خطورة وتعقيدًا. تم عرض الموقف العقلي الذي أعاقنا في الردّ الذي تلقاه كوريك من محرري الصحيفة الآشوريين والذي نصّ في جملة أمور:

> من حيث الجوهر نحن نشارك السيد كوريك رأيه، وإذا كانت الأشياء التي يصفها جيدًا ممكنة، فسنتفق تماماً مع وجهة نظره. هنا يكمن الخلاف بيننا (...) للأسف، أن فرنسا بعيدة جدًا! (...) أليس صحيحًا يا سيد كوريك أننا بين المطرقة والسندان وأن حق الجبار يسود دائمًا؟ ٨

قوبل خطاب كوريك الناري ضد كوننا ضحية جماعية بتأكيدات أبوية بأن هذا النوع من التفكير كان خاطئًا وأن أي آشوري يعتقد أن المجموعة نفسها يمكنها تغيير وضعها هو أمر غير واقعي. وقد عبر المحرّرون عن موقف نمطي بين أولئك الذين يعانون من العجز، وهذه المناقشة بين الآشوريين في عام ١٩٢٠ هي مثال

واضح للحالة النفسية، وكيف أنها تملّكت الآشوريين بالفعل. بدلاً من التركيز على الأمثلة التي لا حصر لها في التاريخ عندما نهضت الشعوب من تلقاء نفسها، اختار المحرّرون، مثل الأغلبية المطلقة من الآشوريين، التركيز على الموقع المقابل، وبالتالي البقاء بحزم بين المطرقة والسندان، حيث نبقى حتى اليوم.

لماذا ومتى طوّرنا شعور الضحية؟

في منتصف القرن التاسع عشر، قبل عقود من بدء اعتناق الآشوريين للأفكار القومية، زار المبشر الأمريكي هنري لوبديل القرى الآشورية خارج مدينة أربيل في آشور. تتضمن تقاريره الملاحظة التالية:

> هناك حوالي خمسون عائلة (آشورية) يتمّ بيعها وشراؤها كعبيد، وكل كردي، صغيرًا كان أم كبيرًا، في القرية لديه عدد معين من هؤلاء المسيحيين تحت تصرفه. يمكنه أن يأخذ الفاكهة من أشجارهم، وحليب ماعزهم، وغنمهم، وأبقارهم، واللبن، والزبدة، والبيض من بيوتهم، والمال من جيوبهم، ويجلدهم حسب رغبته، إذا أراد يمكنه أن يبيع حقّه في سرقتهم وضربهم لكرديٍّ آخر. إنها ليست عبودية افتراضية فحسب، بل هي في الواقع عبودية (...) كان هؤلاء (الآشوريون) يخشون الاقتراب منا بينما كانوا الأكراد بجوارهم، خوفًا من تعرضهم للضرب على أيديهم بعد مغادرتنا، إن لم يكن قبل ذلك. في الواقع، رأيت عملية الجلد بنفسي. أطلق الأكراد على عبده اسم كلب. (...) ليس لديهم مدرسة، ولكن قسم صغير من الكتاب المقدس. ٩

روايات أخرى عن الوضع الضعيف للآشوريين وردت من عدد من المبشّرين والدبلوماسيين الغربيين، وكان القاسم المشترك بينها هو أوصاف السكان الذين يعيشون في درجات متفاوتة من البؤس والضعف. باستثناء الآشوريين الذين قاتلوا في منطقة جبال هكاري التي يتعذر الوصول إليها، نرى سكّانًا يوصفون أساسًا بأنهم لا حول لهم ولا قوة ضحايا اعتداءات وهجمات ومذابح مستمرة. ما تُظهره هذه الملاحظات هو أنّه كان لدينا إحساسنا بالضحية الجمعية حتى قبل ظهور الحركة الآشورية، وهذا يستوجب العثور على مسببات هذا الاضطراب في الماضي.

كانت الفترة التاريخية الأخيرة التي أظهر فيها الآشوريون القدرة والاندفاع ما بين القرنين السابع والثاني عشر الميلاديين. خلال هذه الحقبة، شهد الشعب نهضة ومارس نشاطًا تبشيرياً في أماكن بعيدة مثل الصين واليابان. هذا يعني أن تطوّر شعور الضحية الجمعية يجب أن يكون قد بدأ في وقت ما بعد أيام المجد هذه. من الممكن تحديد فترة تبلغ حوالي خمسمائة عام تتميز بالاضطهاد الشديد والمجازر الواسعة بدأت في القرن التاسع بالاضطهاد الذي قام به الحكام العرب، والتي زادت من خلال الغزوات التركية والكردية العنيفة اللاحقة، وبلغت ذروتها مع النهب المغولي ومذابح تيمورلنك الوحشية في نهاية القرن الرابع عشر. كانت الأوقات مضطربة للغاية مع العديد من عمليات القتل الجماعي والهجمات التي أدت إلى حدوث صدمة شديدة، وتحت ضغط هذه النكسات المتتالية، انهارت النشاطات التبشيرية الآشورية، والكنائس وتلاشى الشعب ككيان في الظلام والصمت. كتب المؤرخ هرمز أبونا:

> بعد عام ١٢٩٥ تضاءلت كنيسة المشرق تدريجياً في ظل ماضيها المجيد، ويمكن ملاحظة تراجعها الحاد في

بداية القرن الخامس عشر، عندما كانت غير قادرة على استدعاء مجلس كنسي لانتخاب بطريرك جديد لأنه لم يكن لديها سوى مطران واحد يخدم عددًا قليلاً من التجمّعات في وطنهم الأصلي والذي نجا من الأحداث الكارثية وخاصة مذابح تيمورلنك. ١٠

بعد وجود الملايين من الأتباع، تم القضاء على الكنائس الآشورية وانتهى العصر الذهبي الآشوري الأخير. عندما نلتقي بأسلافنا مرّة أخرى بعد بضعة قرون عبر الغربيين مثل هنري لوبديل، نلتقي بأناس خائفين وعاجزين.

في حين أنّ العديد من الجماعات العرقية قد نجت من المذابح والهجمات عبر التاريخ، فمن المشكوك فيه أن يكون هناك مثال آخر لشعب تعرّض لمثل هذا الإرهاب طويل الأمد والمستمر كما عانى الآشوريون. إنّ المدى والشدّة والمظاهر الطويلة الأمد تكاد تكون فريدة من نوعها وربّما تفسّر سبب استغراق الآشوريين في شعورهم بكونهم ضحية أكثر من الأرمن وغيرهم، على سبيل المثال.

٣

إرادة بلا قدرة

ظهرت الآشورية كحركة قوميّة في فترة مضطربة للغاية في تاريخنا، وانطلقت الحركة القوميّة وسط أسوأ الظروف الممكنة، ولم تكن مستعدة لمواجهة التحدّيات التي كان من الواجب مواجهتها. كان السبب الرئيسي هو أن الشعب الآشوري ظلّ واقعاً في قبضة شعور الضحية الجمعية الشديدة.

لعنة الأجداد

أسّس الحركة الآشورية مثقفون مثل آشور يوسف وآخرون في أواخر القرن التاسع عشر عندما كان الآشوريون في حالة بائسة، إذ تعرّضوا للقمع على مدى قرون ولم يكن لديهم أية عزيمة باقية. لذلك كان على القادة الأوائل العمل في أجواء رياح معاكسة ومستمرة. إن وصف آشور يوسف لأسباب تراجعنا يشهد على إحباطه والافتقار الواضح لروح التحدّي بين الناس. لم يكن لديه أيّة طريقة ليرى أن الحركة التي كان يكافح من أجل بث الحياة فيها تحمل لعنتها الخاصة في شكل العجز. لم يكن من قبيل المصادفة أن القادة الآشوريين مثل كابريال أفرام بعد قرن من الزمان عبّروا عن الإحباط نفسه إزاء عدم قدرة الحركة على إحراز أي تقدّم. لم يكن لدى آشور يوسف ولا كابريال أفرام أية معرفة بعقلية الضحية الجمعية. بعد مائة عام، كافحوا للتعبير عن إحباطهم بالكلمات وتحديد الأسباب المحتملة.

لم تستطع الحركة الآشورية أن تفلت من تشكلّها من خلال

عقلية الضحية الجمعية، فقد كانت نتاج شعب عانى بالفعل من آثار ما هو عملياً مرض نفسي. كان محكوما على الحركة أن تتشكل عبر الاعتلال النفسي وتُرغم على الاستسلام له. كان الفشل الفعلي، الذي لا يستطيع أحد إنكاره بعد أكثر من مائة عام من المساعي الفاشلة، نتيجة محتومة سلفاً.

الصدمة والإبادة الجماعية

إنّ العنف الوحشي وعدد المذابح والاعتداءات ضد الآشوريين كبير لدرجة أنه يكاد يكون من المستحيل فهمها، حتى وإن لم تنظر إلى التاريخ البعيد جدًا، فلا يزال من الصعب فهمها.

لقد تعرّض الأشوريون بين عامي ١٨٤٣ و ١٨٤٦، في هكّاري لمذابح واسعة النطاق على أيدي العشائر الكردية المدعومة من الإمبراطورية العثمانية، وقد تمّ ذبح عشرات الآلاف من الرجال والنساء والأطفال، وقُتل الآلاف من الأشوريين في عام ١٨٩٥ على أيدي القوّات العثمانية والعشائر الكردية فيما عُرف بمذابح الحميدية. بدأت الإبادة الجماعية في سيفو بعد أقل من عقدين من الزمان بين عامي ١٩١٤ و ١٩١٨، ونفّذت الدولة التركية آنذاك مع الجماعات الكردية حملة إبادة شنيعة وواسعة النطاق. توالت المذابح وأثّرت فعليًا على جميع السكان الآشوريين، وكان الدمار الجسدي والمادي هائلين. يعتقد المؤرخون أن ما يقرب من نصف مجموع الآشوريين قد عانوا، وتمّ أخذ العديد من الأطفال والشابات كعبيد، وإحراق قرى بأكملها، وهدم الكنائس، وتسميم الآبار نتيجة لسيفو، إضافة إلى المجاعة التي حصدت أرواحًا كثيرة أيضًا.

كان التأثير العقلي للإبادة الجماعية على السكان هائلاً، لكنه لم يحظ بالكثير من الاهتمام من قبل العالم الخارجي أو

الآشوريين أنفسهم. عندما نناقش تأثيرات سيفو، فإننا نركّز فقط على عدد القتلى. في بعض الأحيان يكون من الشائع شرح فشل الحركة الآشورية بأكملها بمدى الإبادة الجماعية، والتركيز الأحادي الجانب على أعداد القتلى والدمار والتهجير يعني أننا لم نعر الاهتمام الكافي للتأثير النفسي الذي كان له عواقب أكبر بكثير على مستقبلنا.

حدثت الإبادة الجماعية خلال فترة حرجة في تطور الحركة الآشورية. في بداية القرن العشرين، ظهرت ملامح النخبة المثقفة الآشورية وبدأت أفكارها حول الأمّة في الوصول إلى طبقات أوسع من الناس. كانت هناك خطوات حذرة للابتعاد عن أسوأ آثار الضحية الجمعية. أصبحت الإبادة الجماعية بمثابة ردّ فعل عقلي عنيف، وأعادتنا إلى قبضة عقلية الضحية الجمعية. يفتقر الأرمن إلى تاريخ دموي طويل الأمد، لكنّهم لم يتأثّروا بالضحية الجماعية بالقدر نفسه، وكانوا أكثر قدرة على استيعاب الآثار النفسية للإبادة الجماعية. وقع انهيارنا في مرحلة حرجة، بينما تمكن الأرمن وغيرهم من الانتفاض رغم المحن. لو تُركَت الحركة الآشورية المولودة حديثًا لوسائلها الخاصّة، لكانت الآليات التي تحافظ على شعور الضحية قد تضاءلت تدريجياً. لقد كانت لدينا فرصة لتحقيق ذلك النوع من الديناميكيات التي دفعت الأرمن واليونانيين واليهود وغيرهم إلى تقرير المصير. بدلاً من ذلك، عُزّزت الإبادة الجماعية وتفاقمت حالتنا النفسية السائدة والشعور بالعجز وانعدام السيطرة والإذلال والاقتناع الراسخ بأننا غير قادرين على التأثير على وضعنا، ربما أكثر من أي وقت مضى.

اعتقد مثقفون مثل آشور يوسف أن المذابح التي لا تنتهي كان لها تأثير على نفسية الناس. في مقالته عام ١٩١٤ سعى إلى تحليل أسباب الانحدار، وأشار إلى "إخضاع الآشوريين للاستبداد" كأحد الأسباب الأولية للوضع الحالي ثمّة أفكار مماثلة لدى آخرين

هذا نص من أحد الوفود الآشورية إلى مؤتمر باريس للسلام بعد الحرب العالمية الأولى:

> لقد عاش الشعب الآشوري باستمرار تحت الاضطهاد، وعانى من عبودية حقيقية، واقتراناً مع الخوف المستمر، فإنّ هذا بالطبع قد أغلق الطريق أمام التقدّم الآشوري. نحن ندرك جيدًا أن الناس كانوا منذ فترة طويلة في مرحلة التدهور والأميّة. ١١

العنف الوحشي

من أجل فهم أفضل للصدمة العميقة الجذور التي تسببت في الحالة النفسية التي نتحدث عنها؛ نحن بحاجة إلى النظر في طبيعة العنف الوحشي الذي عانى منه الآشوريون لعدة قرون. هذا العنف تكرّر مرارا وتكرارا ولم يسلم منه أي جيل. إنّه ليس عنفًا بين جيشين أو طرفين متحاربين، بل مجازر وإبادة جماعية ضدّ المدنيين والسكّان المقيمين. لم تُستثنَ أية فئة من السكان، من الأجنّة التي لم تولد بعد إلى أكبر الشيوخ. كانت في الواقع، إبادة الأطفال والنساء جزءًا مهمًا من التطهير العرقي، فقد تم شنّ العنف الوحشي، والذي غالبًا ما يكون ساديّ بشكل مخز، ضدّ سكّان مسالمين عُزّل. يمكننا أن نلمح الوحشية التي لا يمكن تصورها ونشعر بالصدمة التي تسببت فيها، من خلال الاقتباسات التالية من روايات مختلفة لشهود عيان منذ القرن التاسع عشر:

> تم إعدام السكان المنكوبين عشرة في كل مرة أو أُلقوا أحياء في الآبار. لم يسمحوا حتى لأصغر الأطفال بالعيش. ١٢

اقتادوا الأطفال والفتيات والفتيان، وعرّضوهم لتعذيب شديد. بالسيوف والخناجر قطعوا أجسادهم الرقيقة. ألقوا أنفسهم على النساء الجميلات، الشريفات، جرّوهن بعيدًا بوحشية، واغتصبوهن حتى يعشن في عار. فتشوا المنازل وملأوا الشوارع بأشلاء أطفال بشكل يفطر القلب. ١٣

أطلقوا النار على الرجال حتى الموت، وبحثوا بشغف عن الفتيات والنساء الجميلات ليختطفوهن. (...) كان كل شخص تحت سلطة اثنين أو ثلاثة مسلحين مسلمين. اغتصب هؤلاء الشياطين عددًا كبيرًا من الفتيات الصغيرات، بعضهن بالكاد تبلغ من العمر ،سبع أو ثماني سنوات، في الطرقات والحقول. للأسف كان مشهدًا فظيعًا! ١٤

أصيبت أمّ لتوأمين بالرعب لدرجة أنها هربت منهم واختبأت. في وقت لاحق وجدوا الطفلين الصغيرين مقطّعين حتى الموت. تم إخراج العديد من القتلى المسيحيين من قبورهم، وبعضهم كان مدفوناً لمدة عشرين سنة، كما أخذت الوحوش الجماجم ووضعتها على الأعمدة وسارت بها في الشوارع. ١٥

في غوغتابا، قتلوا زوجة كاهن كبير السن وبناته، وتم قطع ذراعيه ورجليه. لقد تم قتلهم وتشويههم بشدة. فُقئت عيون بعض الرجال بالسكاكين، وسمح لهم بالتعثّر لبعض الوقت قبل إطلاق النار عليهم، كما تمّ العثور على نساء بكسور في ظهورهن من الضغط عليهن، مطويّات إلى نصفين في المواقد وتمّ بقر بطون النساء الحوامل وتمزيق أطفالهن الذين لم يولدوا بعد. ١٦

أُجبر الرجال على الوقوف في طابور، وأُطلِقَ الرصاص لمعرفة عدد الأشخاص الذين يمكن للرصاص اختراقهم. واضطرّ آخرون إلى الاستلقاء في صفوف طويلة، وتمّ سكب الكيروسين عليهم وإشعال النار فيهم، كما تمّ العثور على صبيّ وجسده مليء بالإبر. ١٧

رُميت النساء المرضعات رضاعة طبيعية بالرصاص في أغلب الأحيان وقُتلن، وتُرك الأطفال يموتون جوعاً. نُزعت ملابس النساء واغتُصبن ثم أُجبرن على الخروج عاريات في البرد ليمُتْن. ١٨

وروى كاهن الواقعة التالية: بعد عودة الروس، تبعتهم مجموعة من المسيحيين لتفقّد بعض القرى المسيحية المنهوبة. رافقهم مخبري. " لدهشتي، رأيت ملامح بعض الأشخاص الذين تعرّضوا لثقب بأعمدة حادة تم الضغط عليها في شروجهم واخترقت أجسادهم، والموت بهذه الطريقة يأخذ وقتاً طويلاً جدا. كانت الأجسام مقيّدة بإحكام في بعض الحالات بحيث لم يكن من الممكن نزع الأعمدة منها، كان من الضروري قطعهم ودفن الضحايا كما هم. وقال المصدر إن بعضهم كان من النساء. ١٩

في هذه المنطقة، تم عزل ومحاصرة الآلاف من الناس عن الطابور الرئيسي. هاجم العدو بشراسة النساء والأطفال العزل، مما تسبّب في الفوضى والقتل العشوائي. خُطف الرضّع من صدور أمهاتهم وسُحقوا على الأرض، كما تمّ اختطاف مئات النساء. ٢٠

النموذج الدائم

غالبًا ما تركز كتابة التاريخ على الأحداث الكبرى، فقد تمّت دراسة ووصف الإبادة الجماعية والمذابح بالتفصيل، وهذا يعني أنّ

الأحداث ذات الوفيات الأقل تعتبر غير مهمة أو أقلّ أهمية. ولكن في حالة الضحية الجمعية، فإن الحوادث البسيطة أو اليومية مهمة أيضًا. القهر المنهجي على أساس يومي هو أيضا سبب للصدمة. ليست هناك حاجة دائمًا إلى العديد من الوفيات أو الفوضى الهائلة لإحداث صدمة جماعية.

إن المذابح والاعتداءات الكبرى ضدّ الآشوريين على مرّ التاريخ معروفة، وما هو أقل شيوعاً هو أن هذه الأحداث الكبرى ليست سوى زيادات مفاجئة في نمط مستمر. عندما نناقش الإبادة الجماعية والمذابح والصدمات النفسية، فمن السهل أن نهمل الصورة الكاملة. لا تحدث الانتهاكات الجسيمة في الفراغ بل هي تتويج لحرب متواصلة على نطاق محدود، فعندما انتهت الإبادة الجماعية عام ١٩١٥، لم يكن ذلك يعني أن الآشوريين حصلوا على السلام والهدوء، بل ظلّ القمع مستمرّاً ولكنه كان مختلفًا في الشكل والشدة. لقد استمرّ الهجوم على الآشوريين وطردهم وظلّوا غير آمنين، لذلك استمر هذا في تأجيج الشعور بالضحية الجمعية للناس حتى بعد سيفو.

بعد أقل من عقدين من الإبادة الجماعية جاءت الكارثة الكبرى التالية، فقد انتهى الانتداب البريطاني على بلاد ما بين النهرين، الذي حكمته بريطانيا العظمى منذ نهاية الحرب العالمية الأولى، وأصبح العراق في عام ١٩٣٢ دولة مستقلة وتولّى العرب على السلطة. بعد حوالي عام من الاستقلال، في آب ١٩٣٣، بدأت مذبحة الآشوريين في قرية سيميل والمناطق المجاورة في الجزء الشمالي من الدولة الجديدة، وقُتل العديد من الأشوريين العزل بدم بارد على يد الجيش العراقي، وكما في المجازر السابقة، تمّ استهداف القادة والمثقفين الآشوريين عمدا. مقارنة بالإبادة الجماعية سيفو، يمكن القول إن سيميل كانت مذبحة معزولة، لكن تأثيرها النفسي كان هائلاً وأثّر على الناس جميعاً، فقد أرسلت

موجة صدمة جديدة إلى السكان وكوّنت طبقة أخرى على طبقات الصدمة العديدة السابقة. كان تأثيرها على مستقبلنا متفاوتاً، وأصبح من نواح كثيرة نقطة تحول في تاريخ الأمّة الآشورية، وكانت إحدى نتائج مذبحة سيميل أن قادة الكنيسة بدأوا في إبعاد أنفسهم عن النضال القومي والهوية الوطنية ككل، والمثال الأكثر دلالة على ذلك هو البطريرك الآشوري الأرثوذكسي أفرام برصوم، الذي شارك قبل مذبحة سيميل في النضال من أجل الاستقلال ووصف نفسه وأتباعه بفخر بأنهم جزء من الأمّة الآشورية. ولكنه بعد المذبحة، بدأ ينأى بنفسه وكنيسته عن كلّ شيء آشوري. كما شعر قادة الكنيسة الآشورية الكاثوليكية بالحاجة إلى النأي بأنفسهم أيضاً، وقد أدّى هذا الرفض إلى نشوء حركات مناهضة للآشوريين ظهرت داخل الكنيسة الآشورية الأرثوذكسية والآشورية الكاثوليكية.

انحدر الآشوريون بعد سيميل بشكل أعمق في شعور الضحية الجمعية، وساد اقتناع كامل بأنّنا لا يمكننا تغيير وضعنا، لكن المذبحة لم تنتهِ الصدمة، واستمرّ القمع والهجمات منذ صيف عام ١٩٣٣ المشؤوم حتى الآن، ووقعت مجازر صغيرة وقُتل اشوريون واستمرّت الهجمات بمختلف اشكالها فضلا عن استمرار القمع السياسي. في صيف عام ٢٠١٤، حدث شيء مذهل لم يتصوره إنسان في سهل نينوى عندما فرّ الآشوريون من قتلة جماعة الدولة الإسلامية، وكانت الحروب والاضطهاد واغتيالات لقادة والعديد من أنواع القمع المختلفة شائعة بالنسبة للآشوريين في جميع أنحاء آشور خلال كل هذه الأوقات. لذلك، استمرّت الآلية التي تدعم الضحية الجمعية عبر الصدمات الجديدة بلا توقف.

خيانة بريطانيا العظمى

تتضح حالتنا النفسية الخاصة عندما نراجع ما حدث بين الآشوريين والإمبراطورية البريطانية في أوائل القرن العشرين. انتهى التعاون بين الآشوريين في منطقة هكّاري الجبلية والبريطانيين من الحرب العالمية الأولى إلى مذبحة سيميل بمرارة لا تزال قائمة، وقد علمت أجيال من الآشوريين أن البريطانيين فشلوا في الوفاء بوعودهم وتخلّوا عنا، لذلك يتيح لنا التمعّن في تأثيرات شعور الضحية الجمعية بإعادة تقييم هذا النهج.

تظهر المصادر التاريخية أن الآشوريين افترضوا دائما أن البريطانيين جاءوا لمساعدتهم، بينما تصرّف البريطانيون بناءً على مصالحهم السياسية والعسكرية والاقتصادية فقط. لقد احتاج البريطانيون خلال الحرب العالمية الأولى إلى منع الإمبراطورية العثمانية المتحالفة مع ألمانيا من غزو بلاد فارس والتقدّم نحو الهند المستعمرة البريطانية. ومع ذلك، كان البريطانيون يفتقرون إلى الموارد، وبالتالي رأوا فرصة لاستخدام القوات المحلية التي نظرت أيضًا إلى الأتراك على أنّهم أعداء لهم. في غضون ذلك، تعرّض سكان هكّاري من الأشوريين للهجوم من قبل القوات العثمانية، وتداخلت مصالح البريطانيين والآشوريين، مما أدّى إلى تعاون عسكري. من وجهة نظر بريطانية، كانت هذه صفقة سياسية عقلانية حيث يتعاون طرفان لهما مصالح مشتركة طالما كان لكليهما مصلحة مشتركة. ومع ذلك، لم يكن لدى الآشوريين فرصة لفهم مبدأ هذا التعاون، والمصالح السياسية التي استند إليها. لقد اعتقدوا أنّهم كانوا يؤدّون خدمة سيكافأون عليها فيما بعد بإنقاذهم بشكل كامل. كان النهج الآشوري مدفوعًا بشعور الضحية الجمعية والعجز. لقد رأى الآشوريون في البريطانيين شيئًا أرادوا رؤيته: محرّر عظيم في الأوقات العصيبة.

بمجرد هزيمة العثمانيين وانتهاء الحرب، أصبح من الواضح لكلا الطرفين أنهما لا يفهمان بعضهما البعض. طالب الآشوريون بالدعم المستمر من المنقذين، بينما اتّبع البريطانيون مصلحتهم الخاصة، التي حُسمت الآن بظروف جديدة تمامًا، حيث كانت المنطقة التي وقعت تحت السيطرة البريطانية بعد هزيمة الإمبراطورية العثمانية تتمتّع بأغلبية عربية هائلة. كان من الواضح بالنسبة للبريطانيين، أن مصلحتهم كانت التعاون مع العرب الذين سيحكمون المنطقة الغنية بالنفط التي كانت ستصبح العراق، أمّا بالنسبة للآشوريين، كان هذا غير مفهوم تقريبًا، فقد كانوا يفتقرون إلى القدرة على فهم العالم من حولهم وشروط العلاقات الثنائية. بالإضافة إلى ذلك، فقد أعمتهم عقلية الضحية الجمعية كمنظارٍ ينظرون من خلاله إلى العالم.

نشر الملازم البريطاني ر. ستافورد في عام ١٩٣٥ كتابه مأساة الآشوريين، وكان قد خدم في العراق لسنوات عديدة وله قدر كبير من التفاعل مع القادة الآشوريين. يحاول في الكتاب وصف الصدام بين المواقف المختلفة التي يتبناها الآشوريون والبريطانيون:

> فيما يتعلق بالأشوريين، يجب الاعتراف بأنهم حتى لو لم يتلقّوا ضمانات محددة من بريطانيا العظمى، فهم يعرفون جيدًا أن البريطانيين كانوا يأملون في استعادة أراضيهم لهم. لم يستطيعوا تصديق أن أمّة قويّة للغاية، منتصرة في أعظم حرب في التاريخ، لم تكن قادرة على تحقيق ذلك إذا كانت أرادت حقًا القيام بذلك. لم يفهموا استنفاذ العالم للوقت، ولم يفهموا التعقيدات العديدة في أوروبا التي منعت رجال الدول في فرساي من التطرّق إلى مسألة تافهة مثل توطين بضعة آلاف من متسلقي الجبال. ٢١

سرعان ما أصبح واضحًا أن الآشوريين والإمبراطورية البريطانية سوف يستمرون في التعاطي لفترة ما. لم يكن العراق والعرب مستعدّين للتحوّل بين عشيّة وضحاها إلى دولة فاعلة، لذلك جنّد البريطانيون الآشوريين في قوّة كانت مهمتها هزيمة المتمردين والحفاظ على النظام في العراق، بانتظار إنشاء الجيش وجهاز الدولة. أساء الآشوريون مرّة أخرى، فهم شروط هذا التبادل، واستمرّ البريطانيون في التصرّف لمصلحتهم الخاصّة، بينما اعتقد الآشوريون من جانبهم أن التجنيد في ما يسمى (الليفي أو القوّات المجَنّدة) يعني شيئًا أكثر مما هو عليه، حيث شارك الآلاف من الآشوريين فيها وقد أعمتهم فكرة المنقذ الخارجي إلى أن أنهت مذبحة سيميل عام ١٩٣٣ سوء التفاهم المطوّل بين المؤسّسة العسكرية السياسية البريطانية والقادة الأشوريين.

فشل القادة الآشوريون في ذلك الوقت حتى النهاية في فهم مبادئ الأفعال البريطانية، وبدا ذلك جليّاً في وثائق بصورة خطابات وبيانات من ذلك الوقت. أصدر الكاتب الآشوري يوسف مالك كتاب الخيانة البريطانية للآشوريين الصادر عام ١٩٣٥، وفيه اقتبس مقتطفات من رسالة أرسلها البطريرك الآشوري إلى المندوبين البريطانيين:

> "لم تتم صياغة أي خطط للمستقبل، لكنّنا نصرّ على ضرورة البحث عن حلّ دائم ومرضٍ يضمن لنا الأمان الدائم للعيش كشعب حرّ وليس مثل الرقيق.(...) الجمهور البريطاني، عندما يدرك الحقائق الحقيقية، لن يتسامح بلا مبالاة مع اضطهاد أقدم المسيحيين في العالم الذين كانوا مخلصين لهم ومؤمنين بربّنا طوال عصور عديدة من الاضطهاد. يمكن للرأي العام البريطاني التأثير على الحكومة البريطانية للوفاء بالعديد من التعهّدات والوعود التي قُطعت للآشوريين والتي، للأسف، تم نكثها مرّة تلو الأخرى". ٢٢

تظهر الصياغة أن البطريرك لم يكن قادراً على فهم الديناميكيات السائدة وما يملي القرارات السياسية، فقد افترض أن البريطانيين اضطروا لإنقاذ الآشوريين، جزئياً لأننا كنا أول مسيحيين وتعرّضنا للاضطهاد بسبب إيماننا.

التساؤل الذي يبرز هنا هو ما إذا كان القدر يمكن أن يجمع بين طرفين مختلفين أكثر من حيث أسس مقارباتهم النفسيّة، فمن ناحية، تميّز الآشوريون بإحساسهم العميق بكونهم ضحايا وعاجزين، بينما تميّز البريطانيون من ناحية أخرى، بثقتهم الكبيرة بالنفس التي قادتهم إلى الحكم على أجزاء كبيرة من العالم. لقد كانت علاقة بالكاد يمكن أن تنتهي بأيّ شيء سوى الكارثة للطرف الأضعف.

كان الضباط البريطانيون قد قدّموا تعهدات فعلية للآشوريين بشأن الحكم الذاتي أو الاستقلال بعد الحرب العالمية. لم يدرك الآشوريون، آنذاك، أنّ مثل هذه الوعود كانت جزءًا من اللعبة السياسية العامة بين الأحزاب، وأن استقلالهم يتوقف في النهاية على جهودهم الخاصة. السؤال هنا هو ما إذا كنّا كمجموعة تمكّنا من التعلّم ممّا حدث؟ بالرغم من أنّ هذا حدث منذ ما يقرب من مائة عام، إلا أنّ هناك عدد قليل من الآشوريين الذين حاولوا فهم الأحداث بما يتجاوز الاتّهامات السطحية بالخداع والتلاعب، ويجب أن نستنتج من منظور سياسي بحت ،أن الخطأ يقع علينا، إذ لم ننجح في التصرّف من أجل مصلحتنا الذاتية وكنّا نعتقد باستمرار أنّه يجب على شخص آخر تحقيق ذلك، وبالتالي يجب علينا تقديم الخدمات للآخرين، وليس لأنفسنا. لقد فشلنا في إدراك أن الاستقلال شيء تنجزه ولا تطلبه، وأنه لا يمكن لضربة قلم أو قرار في لندن أو باريس أن يمحو الحقائق على الأرض.

في النهاية، أُجبر الآشوريون في هكّاري بمرارة على تحمّل عواقب أفعال شكلتها عقلية الضحية. من حيث المبدأ، كل المجموعات

الآشورية، آنذاك والآن، كانت قادرة فقط على تخيّل حريتنا من حيث ما يجب على الآخرين تسليمه إلينا، إذ من الصعب وصف الموقف بعبارات أكثر ملاءمة من الإرادة بدون قدرة. يوضح فيكتور يونان، أحد محرري مجلة L'action طريقة التفكير هذه بالأسطر التالية من عام ١٩٢٠:

> لقد وُعدنا بالاستقلال. ولكن هل يُعطى لنا في الصحارى الغربية؟ بريطانيا العظمى لديها ثروة كافية وهي نهمة، ولا ينبغي أن تضنّ علينا بملكية الموصل ومحيطها. ما زلنا ننتظر الوفاء بهذه الوعود! ٢٣

البداية الخاطئة

انطلقت الحركة الآشورية المبكرة في أسوأ بداية ممكنة، وانتهت في أزقة سيميل الدموية. كان الآشوريون آنذاك أبعد ما يكون عن حلم الاستقلال مما كان عليه عندما صاغ الأيديولوجيون أفكارهم قبل حوالي خمسين عامًا، لكن على الرغم من النتيجة المريرة، فقد وُلد شيء ما، حيث استمرّت الأفكار القومية الآشورية في الانتشار، وخلقت ببطء ولكن بثبات إحساسًا قوميًا بالانتماء الذي عمل المفكرون الأوائل من أجله. على الرغم من معارضة قادة الكنائس الآشورية الأرثوذكسية والآشورية الكاثوليكية الذين أبعدوا أنفسهم عن الهوية الآشورية، استمرّت الأيديولوجية في جذب أتباع جدد وتقريب الآشوريين من خلفيات مختلفة من بعضهم البعض وتحت هويّة مشتركة. وسرعان ما وُلد جيل جديد حمل الشعلة وشكل منظمات جديدة في آشور، وإلى حدّ متزايد في الشتات في الغرب.

من وجهة النظر هذه نجحت العقيدة الآشورية على الرغم من كلّ التحدّيات، فقد أدّت إلى تشكيل وحدة تجمع غالبية الشعب

تحت علم واحد، وفرضت تحولًا تاريخيًا جديدًا للهوية، وإن لم يتحقق بالكامل. تكمن قوة العقيدة الآشورية في حقيقة أنّها تظلّ الأيديولوجية الوحيدة بين الناس التي تجمع أتباعًا من جميع المجموعات باختلاف الجغرافيا والطوائف واللّهجات، ويكمن فشلها الكبير في التخلّص من الظلّ المظلم الذي كان يطاردها، والذي عرقل الخطوات اللازمة لتحقيق أهدافها.

٤

الشجاعة غير المجدية

لقد حمل الآشوريون السلاح أكثر من مرّة خلال المائة عام الماضية لكن آشور مع ذلك ظلّت محتلّة. وهذا يطرح عدة تساؤلات: ما الذي ناضلنا من أجله ومِن أجل مَن وما الأسباب التي دفعتنا إلى النضال.

أربعة أشكال من القتال

من الممكن تحديد أربعة أنواع مختلفة من النزاعات المسلّحة التي شاركنا فيها خلال المائة عام الماضية. يمكن تحديد المثال الأول على أنّه دفاع يائس عن النفس، كما حصل في قرية عينواردو خلال سيفو، ففي المراحل الأولى من الإبادة الجماعية، لجأ عدّة آلاف من الآشوريين اليائسين إلى القرية وكنيستها الكبيرة التي كانت بمثابة قلعة، محاطين بآلاف الأعداء من الأتراك والأكراد، لم يروا أي خيار آخر سوى القتال. لقد ثابروا ونجوا رغم كلّ الصعاب، ووقعت مشاهد مماثلة في قرية آزخ ومواقع أخرى في أرض آشور.

المثال الثاني هو القتال بدعم من الحلفاء، حيث دعم الروس والفرنسيون والبريطانيون الآشوريين من هكّاري وأورمية لمحاربة القوات العثمانية وحلفائهم الأكراد خلال الحرب العالمية الأولى. كانت القوة الآشورية المدعومة من بريطانيا منتصرة وهزمت القوات التركية-الكردية المتفوّقة عدداً في عدد من المعارك. لقد هُزمت الإمبراطورية العثمانية في مايو ١٩١٨، فتضاءلت الحاجة إلى القوات الآشورية، ولذلك، أنشأ البريطانيون ما يسمى بقوات

الليفي العراقية لحماية مصالحهم في المناطق الجديدة التي وقعت تحت سيطرتهم. هيمن الآشوريون على قوّات الليفي إجمالاً، وشاركوا لما يقرب من أربعة عقود في نزاعات مسلحة مختلفة بدعم من البريطانيين وغيرهم.

يمكن وصف المثال الثالث للقتال الآشوري بأنّه تنفيذ لأمر بالقتال، وقد بدأ في الستينات، فقد حمل الآشوريون السلاح في صيف عام ١٩٦١ مع الأكراد وغيرهم لمحاربة النظام العراقي، واحتدم القتال حتى فرضت الولايات المتحدة عام ١٩٩١ منطقة حظر الطيران في الجزء المحتل عراقيا من آشور. كانت معركة لم يخترها الآشوريون من تلقاء أنفسهم لكنّهم أُجبروا على المشاركة فيها حين أنذرهم الزعيم الكردي مصطفى البرزاني إما دعم التمرد الكردي أو اعتبارهم أعداء.

يمكن تحديد المثال الرابع والأخير على أنه قتالٌ بدعم من العدو، ومن الأمثلة على ذلك عندما أنشأت الأحزاب الكردية في أوائل العقد الأول من القرن الحالي قوّة من عدّة آلاف من الآشوريين متمركزة في سهل نينوى لتأمين السيطرة غير المباشرة على المنطقة، ولكن عندما اجتاح تنظيم الدولة الإسلاميّة الإرهابي المنطقة في صيف ٢٠١٤، هربت القوّة ولم يعد لها وجود. أنشأ الآشوريون المحلّيون وحدات حماية سهل نينوى (NPU) لاستعادة مناطقهم وحمايتها، وحصلت على صفة رسمية ودعم من وزارة الدفاع العراقية. وقعت أحداث شبيهة بما حدث في العراق بين الأشوريين في شمال شرقي سوريا حين اندلعت الحرب الأهلية في سوريا عام ٢٠١١ وخلقت فراغًا في السلطة، فتسلّح الآشوريون في مدينة القامشلي وشكّلوا قوّتين محليّتين، إحداهما كانت تحظى بدعم وموافقة الحكومة السورية، بينما حظيت القوّة الآخرى بدعم المجموعة الكردية المهيمنة على المنطقة. الميليشيات الآشورية الأربع في العراق وسوريا هي أمثلة

على الكفاح المسلح الذي تم شنه إما بسبب الأوامر الصادرة، او الموافقة أو الدعم النشط من الجهات الفاعلة المعادية بشدة للحقوق القوميّة للآشوريين.

القاسم المشترك

إنّ العجز الظاهر هو القاسم المشترك في وصف حالات النزاع المسلح، حيث تتجلّى نقطة ضعفنا بأوضح صورها في سياق النزاع المسلح. فمن الممكن تحديد كيف تتأثّر أفعالنا بشعور الضحية في كل مرّة حملنا فيها السلاح، في عينوردو وآزخ وغيرها من المواقع التي نجحنا فيها في الدفاع عن أنفسنا، سرعان ما تبلورت رواية بين الأشوريين مفادها أنّ نجاحنا كان بسبب مساعدة القوى العليا، فقد قيل في آزخ إنّ مدافع الإنقاذ أُطلقت على العدو من السماء. إنّ العجز والهروب من الواقع قويان لدرجة أنّه حتى عندما أخذنا زمام الأمور بأيدينا، لم نتمكن من الايمان بقدرتنا على تحديد مصيرنا، وبدلاً من ذلك، نسبنا إنجازنا إلى قوى أعلى، وعندما قاتل الآشوريون من هكّاري وأورمية ضد العثمانيين وحلفائهم الأكراد خلال الحرب العالمية الأولى، كان الصراع يعتمد كلّيًا على الدعم الخارجي لأنّنا كنا محرومين تمامًا من الشعور بالقدرة. ومن الأمثلة الواضحة على ذلك أن جهودنا توقفت عندما سحبت بريطانيا العظمى دعمها، وعندما حملنا السلاح في الستينات في شمال العراق، كان ذلك على أساس الضعف، رغم غرابة الأمر. هناك عدد من المصادر التي تدعم هذا، وأحد أكثر هذه التقارير دلالةً هو تقرير صادر عن السفارة الأمريكية في بغداد عام ١٩٦٢ ويكشف عن الظروف التي دفعتنا إلى أن نصبح طرفًا في القتال:

> عندما بدأت الثورة، كان المسيحيون يفضلون البقاء على الحياد، وقد حاصرهم الأكراد وأجبروهم على مساعدتهم.

> (...) قصفت الحكومة القرى الآشورية إلى جانب القرى المسلمة الكردية. مما أغضب الآشوريين وقاموا بدور أكثر نشاطًا إلى حدّ ما في الثورة الكردية، ثمّ استعادت القوات الحكومية قراهم، أو بالأحرى تم استعادتها من قبل الأكراد المتعاونين مع بغداد الذين شاركوا في عملياتٍ نهب كبيرة مع بعض القتل. حاول المسيحيون تأييد الحكومة وتأكيد ولائهم لبغداد، عندما جاء الشتاء عاد الملا مصطفى البرزاني إلى القرى، دون معارضة من الحكومة لا من قريب ولا من بعيد، وانتقم من المسيحيين لـ"خيانتهم" لقضيته. ٢٤

كانت الميليشيات الآشورية التي ظهرت في السنوات الأخيرة في سوريا والعراق تقوم بشكل أساسي على الضعف أو الخضوع، فكلّما قام جهة غير آشورية بتشكيل ميليشيا آشورية كان ذلك مثالاً جليّاً على الضعف أو الخضوع. إنّنا نشهد عجزًا حيثما كانت الميليشيا تتشكّل بمبادرة من الآشوريين، ولكن الموافقة عليها والتوصية بها ودعمها ماديًا من قبل جهات خارجية. بالإضافة إلى هذه العوامل، أُنتجت هذه الميليشيات من الفوضى السائدة في هذه البلدان نتيجة الحرب الأهلية والفوضى العامة، لذلك كانوا تابعين لجهات خارجية و مسيرين من قبلها.

عندما نلخّص أفعالنا فيما يتعلّق بالنزاع المسلح، يمكننا أن نستنتج أنّنا قاتلنا إمّا عندما لا يكون لدينا مفرّ من ذلك، أو عندما يكون هناك دعم خارجي، أو عندما نتصرف بناءً على أوامر العدو، أو عندما يتطلب الوضع ذلك، وفي بعض الأحيان كان مزيجًا من العوامل المذكورة. ينتهي الكفاح المسلح بانتهاء الخطر الوشيك أو بسحب الدعم الخارجي، وعندما يصدر العدو أوامر جديدة أو عندما يتغيّر الوضع. لا تشير أي من هذه المواقف إلى أنّنا خضنا كفاحًا مسلحًا مستقلاً قائمًا على القدرة الذاتية ويهدف إلى

تحقيق أهدافنا السياسية الخاصة، والقاسم المشترك في أفعالنا واضح ولا يمكن إساءة تفسيره أو شرحه.

المحاربون والجبال

كان الآشوريون في جبال هكّاري قادرين لمئات السنين على الحفاظ على شكل من أشكال الاستقلال غير الرسمي عن الإمبراطورية العثمانية حتى الحرب العالمية الأولى، ويرجع ذلك جزئيًا إلى حقيقة أنّ الأتراك لم يبذلوا الكثير من الجهد لإخضاع ذلك الجزء من الإمبراطورية، ذي التضاريس الجبلية التي لا يمكن الوصول إليها والتي تسيطر عليها العشائر الكردية. كان الآشوريون في هكّاري يتمتّعون بروح قتالية كبيرة واعتادوا الدفاع عن أنفسهم ضدّ الأكراد في هذه المنطقة الخارجة عن القانون، لذلك فمن السهل تصوّر استقلالهم غير الرسمي في الجبال على أنّه شيء يتعارض مع حالة الضحية الجمعية. لم يعانوا من التهرب من الواقع أو الخضوع إلى حدّ كبير و تُظهِر افعالهم أنّهم لم يكونوا غير مبالين. ومع ذلك، أصبح من الواضح فيما يتعلّق بالحرب العالمية الأولى أنّهم لم يكونوا أيضًا قادرين على تجنّب كلّ آثار عقلية الضحية. يبدو أن أفعالهم كانت تفتقر بشكل كبير للقدرة الذاتية، وكان هذا واضحًا وفقًا لتقرير استخباراتي كتبه العميل روبرت ماكدويل في يناير ١٩١٨ إلى النقيب ج. جريسى الذى كُلّف بتنظيمهم عسكريا:

> يروي القادة (الآشوريون)، وهو ما أعتقد بصوابه، عن عقلية (الآشوريين) عندما يعتبرون أنفسهم في مأزق، فإنّهم عادة ما يستسلمون ويتوقفون عن القتال، وعندما يعتقدون أنهم يحظون بدعم قوى أخرى، حتى لو تلقّوا

> القليل من المساعدة، يتشجّعون ويحاولون مساعدة أنفسهم. أكّد جميع القادة أنّه إذا لم يتلقَّ (الآشوريون) مساعدة خارجية، فلن يصمدوا في بلاد فارس. ٢٥

حقّق آشوريو هكّاري المعجزات خلال الفترات القصيرة التي دُعموا فيها من قبل البريطانيين أو غيرهم، ومع ذلك، عندما لم يكن هناك دعم خارجي، أصبحوا عاجزين ولم يتمكّنوا من حثّ أنفسهم على التصرّف بمفردهم وكرّسوا كل وقتهم وطاقتهم للمطالبة بالمساعدة المستمرة، تمامًا مثل المجموعات الآشورية الأخرى. كانوا يعتمدون على الجبال قبل الحرب العالمية، وبمجرّد أن تمّ إجبارهم على الهبوط من الجبال أثناء الحرب العالمية الأولى ولاحقًا عندما تمّ سحب الدعم البريطاني، ظهرت نقطة ضعفهم بوضوح في شكل نقص جماعي متجذر في القدرة الذاتية.

لم تكن المجموعات الآشورية الاخرى في حالة نفسية أفضل، فبينما لم يكن بمقدور شعب هكّاري تخيّل تحرّرهم إلّا من خلال قوى خارجية، عانت المجموعات الأخرى في طورعابدين والجزيرة وأرومية ونينوى، بدرجات متفاوتة، من الخضوع والتهرب واللامبالاة. لقد كانوا غالباُ متفرجين سلبيين على نشاط آشوريي هكّاري وتعاملهم مع البريطانيين، فقد أُعجبوا بمآثرهم وعندما انتهى التعاون مع البريطانيين بالكارثة المعروفة باسم مذبحة سيميل، كانوا نشيطين في النأي بأنفسهم عن آشوريي هكّاري والهوية الآشورية بسبب المخاوف من العواقب. وهكذا فإن الآشوريين من هكّاري هم المجموعة التي أظهرت درجة اقل من أعراض الضحية الجمعية ولكنها على الارجح دفعت الثمن الأعلى.

المُستغَلّون

عندما نلخّص أفعالنا في سياق الحرب، يمكننا أن نلاحظ للأسف أننا لم نخض كفاحًا قومياً مسلّحًا من أجل تحرّرنا. السؤال الذي يطرح نفسه: لماذا قاتلنا ومن أجل من؟ الحقيقة المرّة هي أنّنا حاربنا وقدّمنا الضحايا بشكل رئيسي من أجل مصالح الآخرين خلال المائة عام الماضية.

في ثلاث مناسبات خدمنا بشكل غير مباشر مصالح أعدائنا. عندما حملنا السلاح بدعم من البريطانيين خلال الحرب العالمية الأولى وقاومنا الجيوش التركية، قمنا بتمكين سيطرة البريطانيين على المنطقة. لهذا السبب كتب جاك كوريك، قبل مائة عام، في رسالته إلى رئيس تحرير مجلة L'Action:"هل كنّا مجرّد أبطال لقضايا الآخرين؟ ليس لأنفسنا، ولا من اجل اشور؟"

بعد ذلك، عندما انضممنا إلى قوة الليفي، تابعنا في هذا الاتّجاه. وكانت النتيجة أن انتهى بنا المطاف تحت الاحتلال العربي على شكل دولة العراق.

لسوء الحظ، لم يكن ذلك آخر مرّة تمّ فيها استغلالنا، فقد تكرّر هذا في الستينات حين حملنا السلاح وشاركنا لعدة عقود في صراع أدّى إلى الحكم الكردي على أجزاء كبيرة من آشور في شمال العراق.

ويستمرّ الاستغلال اليوم، فالميليشيات الآشورية التي ظهرت في السنوات الأخيرة بدعم من الأحزاب المعادية لحقوقنا العرقية تمثّل ايضاً شكلاً من أشكال الاستغلال يتمّ استخدامها، بين عدة أمورٍ أخرى، لأغراض دعائية لتقويض المجموعات لآشورية الأخرى وتقديم تلك الميليشيات للعالم كدليل على "كرم" العدو تجاه "المسيحيين".

عندما يتمّ قول وفعل كل شيء، يمكننا القول إنّنا أرقنا الكثير

من الدماء بشكل غير مباشر من أجل المصالح البريطانية والعربية والكردية، لكن ليس قطرة واحدة فقط وبشكل مباشر من أجل بلادنا آشور. لقد فقد عدّة آلاف من الآشوريين حياتهم في معارك لم تكن معاركنا. لقد قُتل عدد أكبر بكثير من المدنيين الآشوريين نتيجة لهذا الصراع المضلّل، وجعلنا افتقارنا العميق إلى القدرة الذاتية شعبًا سلبيًا، يتمّ استغلاله باستمرار من قبل الآخرين ولأجل المصالح التي تتعارض مع مصالحنا.

ملاحظة من قبل الضابط البريطاني ستافورد تلخّص حالتنا المرضية، فهو يستشهد في كتابه قائلاً:"نشأ وضع غريب حقاً في قوة الليفي أثناء مذبحة سيميل عندما شارك الآشوريون في قصف ذويهم وأقاربهم، بتحميل القنابل للطائرات لإسقاطها على أقاربهم (...)".

الاعتراضات

ربما يمكن القول بأنّ أفعالنا في الحرب كانت مبنية على مقاربة واقعية. في الواقع، لقد كنّا محاطين بشعوب عدائية، لذلك من السذاجة الاعتقاد بأنّه كان بإمكاننا تبنّي نهج مستقلّ في الكفاح المسلح ومقاومة الهجمات واسعة النطاق من قبل الأطراف المتفوّقة عدديًا وعسكريًا. بشكلٍ ما، هذا تحليل منطقي، فمن غير المرجح أن يتمكّن الآشوريون من صدّ هجوم واسع النطاق من قبل القوّات التركية أو العربية أو الكردية، من ناحية أخرى، لم تكن حركات التحرّر الأرمنية أو اليهودية أو الكردية أيضًا قادرة على الصمود في وجه مثل هذه الهجمات، ومع ذلك، يمكننا أن نرى أنّهم طوّروا القدرة العسكرية وحافظوا عليها، غالباً بشكل حركات مقاومة سرّية أو حرب عصابات في المناطق الجبلية. لقد خلقت إرادتهم الذاتيّة الأصيلة فرصة لشنّ الكفاح المسلح حتّى عندما لم تكن

الظروف مثالية، وكانوا أقل عددًا، بالإضافة إلى ذلك، كانت حربهم دائمًا قائمة على مبدأ الاعتماد على الذات. ففي الوقت الذي شنّ الأكراد انتفاضات مسلحة ضدّ البريطانيين والدولة العراقية الناشئة، خدم الآشوريون مصالح بريطانيا العظمى من خلال قوّة الليفي وساعدوا في قمع التمرد الكردي. تصرّف الأكراد على أساس القدرة الذاتية أما الآشوريون فقد تصرّفوا على أساس الضعف.

كانت المساعدة العسكرية التي قدّمتها إيران، من بين دول أخرى، لزعيم حرب العصابات مصطفى البرزاني في الستّينيات دعمًا لنضال كردي قائم ومستقل. ولّد النضال الكردي القائم المساعدة الخارجية، ولم يكن الدعم الخارجي هو المحرّك للثورة. بينما كان عكس ذلك في حالة الآشوريين.

التباين بيننا وبين الأرمن واليهود والأكراد في هذا الصدد مذهل ومعبّر، فعلى عكس الآشوريين، حملت هذه الشعوب السلاح حصراً لتحقيق أهدافها السياسية، ويمكننا أن نرى أنّهم خاضوا كفاحهم المسلح حتى بدون مساعدة خارجية وبغضّ النظر عن العوامل أو الظروف الخارجية. كانت حربنا دائمًا مدفوعة بالظروف الخارجية أو المساعدة الخارجية. لم يمنعنا شيء من تطوير قدراتنا العسكرية، والقتال من أجل أهدافنا الخاصة على مدى المائة عام الماضية، ومع ذلك، لم يكن لدينا ما يكفي من الثقة في أنفسنا، وبالتالي لم تكن هناك فرصة ظاهرة أمام أعيننا.

العدو ليس أعمى

علّنا لم نستوعب ظروفنا الخاصة، لكنّها كانت واضحة لأعدائنا منذ فترة طويلة، فقد سارعوا إلى استغلال ضعفنا في جوانب عدة. قد تكون المجموعات الكردية أدركت ضعفنا

واستفادت منه بشكل أفضل على مدار التاريخ، فقد تغيّرت العلاقة بين الآشوريين والأكراد بمرور الوقت، حيث اتّسمت في الماضي بالعبودية الخالصة، وفي الآونة الأخيرة طالبت العشائر الكردية بالولاء كنوع من العبودية السياسية، أمّا الآن فبدلاً من العشائر الكردية، تطالب الجماعات السياسية الكردية الآشوريين بالولاء و امتلاك تنظيماتها الآشورية التابعة لها. في حين أن المبشّر هنري لوبديل في القرن التاسع عشر حدّد استغلال الأكراد للآشوريين على أنّه عبودية، فإن الغربيين ينظرون إليه اليوم على أنّه شيء إيجابي ويندرج ضمن الحماية الكردية "للجماعات المسيحية".

هناك العديد من الأمثلة التي تشير إلى أنّ لدى الأكراد معرفة طويلة بالحالة العقلية للآشوريين، و أحد الأمثلة الواضحة هو القول الكردي القديم "اقتل واحداً يهرب مائة". مثال آخر من مذبحة سيميل، فقد قال محافظ منطقة العمادية في شمال العراق، مجيد بيك، وهو كردي، ما يلي للضباط البريطانيين عام ١٩٣٣ خلال اجتماع حول تحديات توطين الآشوريين من هكاري في المنطقة:

> سياستك ضعيفة. (...) أعطنا الأمر وسوف نحمل العصا. أي آشوري لا يستمع، سنكسر رأسه ونقيد يديه ونرسله إلى جنوب العراق حتى يموت هناك (...) نحن أكراد، ونحن والآشوريون نعرف بعضنا البعض جيّدًا. ٢٦

بالنسبة إلى شخص غريب، قد تبدو عبارة "نحن أكراد، ونحن والآشوريون نعرف بعضنا البعض جيدًا" غير ذات أهمية، لكنّنا نفهم المعنى بأنه يصرّح بوضوح أن الأكراد يدركون نقاط ضعف الآشوريين. بعد ثلاثة عقود، في عام ١٩٦١، قدّم مصطفى البارزاني إنذارًا إلى الآشوريين: "إما أن تشاركوا في القتال الكردي

ضدّ الدولة العراقية أو نهاجمكم". مثل مجيد بيك من قبله، كان البارزاني مدركًا عجز الأشوريين وقد استغلّ ذلك بالكامل. ومع ذلك، فإن الأكراد ليسوا وحدهم الذين لاحظوا محنتنا، فلم يكن من قبيل المصادفة أن يكون للديكتاتور صدّام حسين حاشية كبيرة من الآشوريين، إذ أدرك أيضًا أنّه ليس لديه ما يخاف منهم.

لم يتعرّف الأعداء على نقاط ضعفنا واستغلّوها فحسب، بل طوّروا أيضًا أساليب لضمان بقائنا ضحايا سلبيين. أحد هذه الأساليب هو القتل المستهدف للقادة، فالبطريرك مار شمعون الحادي والعشرون والسياسي فرانسيس شابو وزعيم الميليشيا ديفيد جندو ثلاثة قادة آشوريين قُتلوا على أيدي الجماعات الكردية. الهجمات على القادة هي وسيلة فعّالة لحقن صدمة جديدة وتعزيز ضعف الشعب الآشوري، ويعتبر قتل شخصية عامة صدمة لأيّ مجتمع، ولكن في مجموعة تعاني بالفعل من الصدمة الشديدة، يكون لهذه الحوادث تأثير نفسي أقوى بكثير. مع قتل شخصية عامة، يمكن للخصوم إرسال موجة صدمة في صفوف الجماعة وإغراقها بأكملها بجرعة جديدة من نقص القدرة وبطريقة فعّالة لمواصلة إخضاعها دون المخاطرة بالتعرّض إلى الكثير من المجتمع الدولي.

الشجاعة غير المجدية

من المثير للاهتمام أن قتال الآشوريين كان ناجحاً في كثير من الأحيان، فقد كان الدفاع عن عينوردو وآزخ وقرى أخرى خلال الإبادة الجماعية إنجازات ملحوظة، وقد تميّز آشوريو هكاري بشكل خاص، حيث كانت انتصاراتهم العديدة ضدّ القوات العثمانية على طول الحدود مع بلاد فارس خلال الحرب العالمية

الأولى مثيرة للإعجاب، وقد أعرب الجنرالات البريطانيون في ذلك الوقت عن احترامهم لقدراتهم العسكرية، وكان العرب والأكراد يخشونهم في ساحة المعركة، بل إنّ ستافورد كتب أنّه "كان يعتقد ويذكر عمومًا من قبل العراقيين أن آشوريًا واحدًا يساوي ثلاثة جنود عرب". لذلك فمن المرجح أن يتم تشجيع المجموعة الناجحة عسكريًا واكتساب ثقة أكبر في إنجازها لمواصلة نضالها. ومع ذلك، نرى بوضوح أنّ هذا لم يحدث في حالتنا، فالانتصارات في ساحة المعركة لم تؤدّ إلى استمرار النضال، وبدلاً من ذلك، تضاءل استعدادنا للقتال بشكل مباشر مع تغيّر الظروف وخاصة عندما تم سحب المساعدة الخارجية.

لم تكن شجاعتنا كافية لإخفاء عجزنا الواضح عن القوى الغربية، ويبدو أنّ البريطانيين وغيرهم كانوا مدركين في مرحلة مبكرة أنهم كانوا يتعاملون مع شعب يعاني من ضعف القدرة على العمل. في نظر القوى الغربية، كان الآشوريون يشبهون متسولاً سياسيًا لا يملك القدرة على الوقوف على قدميه، على عكس الحركة اليهودية أو الأرمنية في ذلك الوقت، على سبيل المثال. يظل المتسوّل العاجز عبئًا، في حين أنّ الحازم والفعّال يمكن أن يصبح ثروة كحليف. من وجهة النظر هذه، يسهل فهم سبب تلاشي القضية الآشورية بشكل سريع نسبيًا عن الساحة السياسيّة الدوليّة، بينما تلقّت الحركتان الأرمنية والصهيونية مزيدًا من الدعم بعد الحرب العالمية الأولى.

بغضّ النظر عن مدى شجاعتنا ونجاحنا في ساحة المعركة، لم نتمكّن من تغيير عاداتنا السلوكية، فالغياب التام للإيمان بالقدرة الذاتية كان أمرًا أساسيًا تمامًا، ولا يزال قائماً، لذلك فإنّ كلّ شجاعتنا كانت ولا تزال غير مفيدة لنا، ولا يسعنا إلا التكهّن بما كان سيحدث إذا استخدمنا شجاعتنا وقدراتنا العسكرية أوّلاً وقبل كل شيء لمصالحنا الخاصة.

بانتظار حركة تحررية

لم تكن القوّة الآشورية المدعومة من بريطانيا منخرطة في النضال من أجل التحرّر الوطني، ولا يمكن لحركة حرب العصابات الآشورية في شمال العراق منذ الستينيات وما بعدها أن يقال إنها جزء من هذا النضال. لو كانت هذه الجهود جزءًا من النضال من أجل التحرّر القومي، لكنا أظهرنا قدرتنا المستقلة على الفعل، حتّى بدون دعم الجهات الخارجية وواصلنا القتال حتى بعد سحب الدعم الخارجي أو تغيّر الظروف. يُظهر التاريخ أن الكفاح المسلح كان مطلبًا فعليًا لكلّ حركة تحرر، وفي الوقت نفسه، يمكننا أن نستنتج أننا لم نتمكّن من القتال من أجل أيديولوجيتنا بدون الاعتماد على الغير.

لذا فإنّ السؤال هو ما إذا كان بإمكاننا حتّى الحديث عن حركة تحرّر آشورية بالمعنى الكامل للكلمة؟ هذا لا يعني أنّنا لم نحلم ولم نرد ولم نكافح من أجل الاستقلال الآشوري. ومع ذلك، فقد قمنا بذلك من خلال أفعال حصرت القضية الاشورية في كونها قرار اجنبيا وليس بسبب اتّخاذنا للقرار. لقد قاتلنا من أجل آشورنا من خلال خدمة مصالح الآخرين آملين في كسب دعمهم، واقتصرنا على الصلاة والتوسّل والإعلان عن معاناتنا لإثارة التعاطف، ولم يكن الهدف الأساسي لكفاحنا المسلّح هو أهدافنا السياسية الخاصّة بنا، على سبيل المثال السيطرة على الأراضي الآشورية.

إنّ حقيقة عدم تساؤلنا، آنذاك أو الآن عن أسبابّ حلّ القوة الآشورية الناجحة بعد الحرب العالمية الأولى أو تلاشي مقاتلوا حرب العصابات الآشوريين عندما انهار نظام صدام، في حدّ ذاته دليل على آثار عقلية الضحية. لقد كان وما يزال يهيمن علينا الافتقار إلى القدرة إلى الحدّ الذي لم نتصوّر فيه أبدًا الاستمرار في القتال بمفردنا. لطالم كان إلقاء أسلحتنا بمجرد تغيّر الظروف

أو سحب الدعم الخارجي هو النهج الأكثر وضوحًا، لذلك فإنّ أفعالنا في المعركة تكشف أكثر من أيّ شيء آخر حالتنا النفسية، وتفسّر لماذا لم يتحقّق تحرير آشور. يجب أن نعترف بمرارة بأنّه لم يطلق الآشوريون رصاصة واحدة من أجل آشور، ومن المحتمل أن يكون هذا الادّعاء صادمًا للكثيرين داخل الحركة القومية الآشورية، والسبب هو أننا نسجنا رواية زائفة، من الواضح أنّنا لا نريد أن نرى هذه الجهود على حقيقتها، وبدلاً من ذلك أسقطنا رغباتنا الجمعية عليها لنرفع من شأنها ونجعلها شيئاً آخر مختلفاً تمامًا. لقد علّمتنا الحركة بفعالية أن نفتخر و نعتبر المعارك جهودًا بطولية لتحرير آشور، وتم ذلك كمحاولة للتغطية على افتقار الحركة التاريخي إلى استقلالية العمل، وبالتالي التغطية على حالتها الشبيهة بالمرض.

٥

الحركة المريضة

نجح الفكر القومي الآشوري المعاصر في إحياء الأمّة الاشورية الحديثة لكنه فشل في تأمين وجودها. إنّ الفشل واضح، على الرغم من جهود استمرت لأكثر من مائة عام، وقد أدّت عدّة عوامل مختلفة ومجتمعة إلى النتيجة الكارثية التي لاحظناها.

الإيمان بالإنقاذ الخارجي

إنّ السبب الرئيسي لفشل الحركة القومية الآشورية هو عدم قدرتها على إدراك أن تحرير الشعب يتوقّف على جهده الذاتي، وبدلاً من ذلك، كانت الحركة مقتنعة بأنّ الطريق إلى التحرير يمرّ عبر العالم الخارجي، فمن نواح عديدة، كان الجهد القومي الآشوري على مدى المائة عام الماضيَة مركّزًا على صرخات طلب المساعدة. كان عالم السياسة الآشوري الكندي مايكل يوآش أوّل من صرّح بذلك بوضوح، إذ قال في كتاباته ومحاضراته:

> يجب أن يبدأ الآشوريون بقبول حقيقة أن "المسألة الآشورية باعتبارها قراراً أجنبياً" قد أدّى إلى اعتمادنا الكامل على القوى الغربية للخلاص وعلى جيران معادون من اجل الرحمة. ولم يُقدم لنا اي منهما. ومع ذلك نواصل الاستثمار في هذا النموذج الفاشل. ٢٧

أدركت حركات قوميّة أخرى هذه الرؤية الحاسمة في وقت مبكّر، فقد تخلّى القادة الصهاينة على الفور تقريبًا عن فكرة أن الآخرين سيساعدونهم في تحرّرهم. في خطاب ألقاه عام ٢٠٠٤ عن تيودور هرتزل، مؤسّس الصهيونية آنذاك قال رئيس الوزراء الإسرائيلي أرييل شارون:

> كان يهود العالم قبل هرتزل، يرون أنفسهم شعبا يعتمد مصيره على استبداد المجتمع الدولي. أدرك هرتزل أنّنا يجب أن نكون أسياد مصيرنا. بعد لقائه بالسلطان التركي عام ١٩٠١، كتب: لا تثق بمساعدة الغرباء، ولا تثق في كرمهم أيضًا، ولا نأمل أن تلين الحجارة؛ لأنّ فاعلي الخير يقدمون غالبا صدقات مهينة في أغلب الأحيان، والحجارة لا تلين؛ يجب على الأمة التي ترغب في الوقوف باستقامة أن تضع كل ثقتها في ذاتها فقط. ٢٨

إنّ الإحساس المتجذّر بين الآشوريين بكونهم ضحيّة قد منع، حتى اليوم، الوعي لدى غالبية أولئك المنخرطين في الحركة القومية الآشورية، فقد استمرّت الحركة في العمل على فكرة أنها تعتمد على الإنقاذ الخارجي، والأفراد الذين تحدّوا هذه الفكرة تم تجاهلهم مثل جاك كوريك، قبل مائة عام.

الافتقار إلى الاستراتيجية

يُعدّ الافتقار إلى التخطيط طويل المدى نتيجة مباشرة لعدم الايمان بالقدرة على تحديد المصير، فقد اتّسمت الحركة القومية الآشورية بالتفكير قصير المدى وبالشلل، بدلاً من الخطط الملموسة والطويلة المدى لتحقيق أهدافها، وقد كانت غير مستعدّة على الإطلاق للاضطرابات في الشرق الأوسط، حيث كانت تتخذ

ردود افعال تجاه الأحداث بدلاً من محاولة تحقيق أهدافها، لذلك لم تستخدم الحركة التطوّرات لمصلحتها الخاصة ولم تضع خططًا لحماية مقوماتها الاستراتيجية. على سبيل المثال، خلال تاريخها البالغ ١٠٠ عام، لم تتمكن من استغلال التركيبة السكّانية الآشورية الرئيسية التي كانت موجودة في آشور. وبالتالي، إذا كنت لا تؤمن أنّه يمكنك التأثير على مستقبلك، فلن تضع خططا طويلة الأمد، فلماذا تخطّط لشيء لا تؤمن أنّك قادر على تغييره؟ فالاختلاف مع الحركات القومية الأخرى واضح في هذه النقطة أيضًا. فالحركة الصهيونية، على سبيل المثال، كانت قادرة على التخطيط للمستقبل لعقود والعمل بحزم نحو أهداف محددة.

من الخصائص الأخرى للحركة القومية الآشورية غياب التفكير خارج الصندوق إلى جانب الافتقار إلى التخطيط والاستراتيجية، فهي لا تجرؤ على تأكيد مصالحها أو اتخاذ قرارات جريئة أو اغتنام الفرص، وبدلا من ذلك، يسيطر عليها الحذر الشديد. إنّ موقفنا الدفاعي يعني أنّنا لا نرى الحلول والفرص، بل نرى المشاكل والمخاطر في أي موقف معين، إذ أنّ القدرة على التفكير والتصرف بشكل استباقي لا تقلّ أهمية عن الاعتماد على الذات فقط والتخطيط الطويل الامد، خاصة وأنّ لدينا القليل لنخسره والكثير لنكسبه.

الوحدة المسببة للشلل

ثمّة عامل آخر ساهم في فشل الحركة القومية الآشورية هو الاعتقاد الخاطئ بأنّ النجاح لا يمكن تحقيقه إلّا بالإجماع الكامل، وكادت هذه العقلية أن تصبح من المقدسات بين الآشوريين، وهي

تقوم على افتراض أن الدعم الخارجي وتحرّر الآشوريين يتوقفان على الوحدة الكاملة بين الشعب. لا يزال الكثيرون يعتقدون أنّ الانقسامات داخل الشعب كانت السبب في نقص الدعم الخارجي، وبالتالي يسعون إلى الوحدة بأي ثمن، وبدلاً من التركيز على العمل الفعلي لتحقيق أهدافها، وقعت الحركة في شرك هذه المعضلة وشلّت حركتها. لم تتحقق الوحدة على الرغم من عقود من التمنّي والنداءات والتسويات والمصالحة، وبدلاً من ذلك، أدّى السعي وراء الوحدة إلى تخلّي الحركة عن مبادئها الأيديولوجية الأساسية من أجل استرضاء الحركات المناهضة للآشوريين بين أطياف الشعب، وعلى الرغم من هذا الإذلال، لا تزال الوحدة بعيدة.

بالنسبة لأولئك الذين هم على استعداد لتوسيع منظورهم، فإنّه ليس من المفاجئ أن الوحدة المرغوبة لم تتحقّق. يُظهر التاريخ أن الوحدة هي فكرة طوباوية وأن الجماعات والحركات السياسية تتميّز بالانقسام أكثر من الوحدة. إن بقاءنا مفتونين بالوحدة يعتمد أساسًا على عقلية الضحية الجمعية التي تتملكنا وعلى ايماننا الراسخ بالتحرير الخارجي. لم تتمكن الحركة من إدراك أن الدعم الخارجي يقوم على مبدأ تقارب المصالح، فعندما تتوافق مصالح لاعب خارجي مع المصالح الآشورية، سيتمّ تقديم الدعم، سواء كنا متّحدين أم لا، لكي تظهر مثل هذه الفرص، نحتاج إلى السعي الفعّال وراء مصالحنا بدلاً من أن نكون مشلولين ونتذمر من الحلم بالوحدة الشاملة الذي يستحيل تحقيقه.

التنظيم الساذج

إنّ من مظاهر التقلّب والضعف في الحركة أنّها سعت إلى الوحدة القوميّة، لكنها لم تبذل أي جهد لخلق وحدة أيديولوجية داخلية،

ولم تنجح أي من المنظّمات السياسية التي تؤمن بالقضية الآشورية في أن تصبح هيئة شاملة لها، وقد برزت وفقاً للاختلافات في الشعب. هكذا أنشأنا منظمات تقوم على هويّات جماعيّة مختلفة مثل الانتماء للكنيسة واللهجة وكذلك الأصل الجغرافي، ويكون أعضاء المنظّمات إمّا من الآشوريين الغربيين أو الشرقيين والتي تعمل إما في سوريا أو العراق، وهكذا دواليك. إذا كان الآشوريون جادّين بشأن أيديولوجيتهم، فإنّهم بحاجة لإثبات ذلك عمليّاً، وليس من الصواب القول بأننا جميعًا ننتمي إلى الأمّة نفسها، ومع ذلك فإننا نستمرّ في تقسيم وتنظيم أنفسنا على أساس الكنيسة التي ننتمي إليها، واللهجة التي نتحدث بها أو من أي جزء من بلاد آشور ننحدر. على الرغم من أن الحركة عمرها أكثر من مائة عام، إلا أنّها لم تنجح في تشكيل منظمات تضع الأيديولوجيا موضع التنفيذ في هذا الصدد، ولا تزال المنظمات الحالية قائمة على أسس اجتماعية وجغرافية وثقافية بدائية الأنماط. اذ يجب أن يأخذ التقارب الأيديولوجي الأولويّة على هذه الهياكل الاجتماعية إذا أردنا أن نأخذ أيديولوجيتنا على محمل الجدّ.

التعاون الغائب

لم يتقدّم العمل السياسي للحركة القومية الاشورية على الرغم من عقود من الجهد، فمن المؤشرات الأكثر وضوحًا أن ناشطيها فشلوا في إنشاء منطلق مشترك قائم على المصلحة المشتركة، وفي حين أنّ تعمل منفردة، مجموعات المصالح حول العالم قد أنشأت منطلقات للتعاون، فإنّ المنظّمات الآشورية كانت تعمل لخدمة نفسها فحسب وفشلت في تحقيق التعاون مع المنظمات الأخرى. لقد فشلت في تأسيس إطار عمل مشترك للتعاون وتبادل وجهات النظر، إذ باءت

كلّ هذه المحاولات بالفشل. إنّه تناقض بالنسبة لحركة تركّز على موضوع وحدة الأمة دون أن تكون قادرة على خلق حوار داخلي وتحقيق التعاون بين مكوناتها. هذا يعني أن الآشوريين حتى الآن بعيدون عن أي ممارسة تتقترب من صنع القرار القومي، وغياب التنسيق والتعاون هو إشارة للشعب بأنّه لا توجد حركة ناضجة، في حين أن العديد من الذين نصّبوا أنفسهم ممثلين عن الحركة القومية يشوّشون العالم الخارجي.

افتقاد الفكر والمثل العليا

عشنا نحن الآشوريين خلال الألفية الماضية غالبا على هامش الحضارة، وقد ضعفنا فكرياً وثقافياً لعدّة قرون، وعلى الرّغم من أنّ الكثير منا قد عاش في الغرب حيث اكتسبنا تعليمًا عاليًا وحقّقنا ثروة مادية، إلا أنّنا، بشكل جمعي، نبقى في فقر فكري، ولا يزال لدينا نقص في التعليم والتنوير و"المُثُل العليا" كما قالها آشور يوسف منذ أكثر من مائة عام. يتجلّى هذا الفقر الفكري داخل الحركة القومية الآشورية على صورة انعدام النضج السياسي. فغالبا ما يسمح الكثير من الآشوريين الملتزمين باستنفاذ مشاعرهم وأوقاتهم وطاقاتهم في العلاقات والصراعات الشخصية، إذ ينصبّ التركيز في كثير من الأحيان على المناصب الشخصية في السلطة والتفكير المنطقي والحفاظ على الولاءات الجماعية البدائية القائمة على صلة القرابة، فعلى سبيل المثال، تخيم على المناقشات نظرية المؤامرة وطريقة التحليل القائمة على المشاعر وليس الحقائق، ونادرًا ما يُسمح للأفكار أو الأيديولوجيا أو الأهداف أو الاستراتيجيات أن تكون نقطة مركز النقاش، ولا تزال الطبقة المفكرة والوعي السياسي اللازم لتطوير ثقافة وتنظيم سياسيين راقِيَّين، مفقودين إلى حدّ كبير.

ثمّة ظاهرة أخرى أعاقت الحركة هي ما يسمى بالعقلية الشرق أوسطية. إنّها تشمل المواقف البدائية من الحياة والقضايا الاجتماعية، والتي ابتعد عنها العالم الغربي إلى حدّ كبير منذ فترة طويلة. إنّ كون الآشوريين أقلية لمئات السنين قد واجهوا صعوبة في حماية أنفسهم من تبني بعض السمات السائدة للأغلبية. ويأتي في مقدّمة ذلك اتخاذ موقف عدم التدخل في تفاصيل الحياة اليومية. هذا يعني أن القواعد واللوائح التي تضمن النظام والوضوح يتمّ تهميشها وتقليل أهميتها، يتم تجاهل الانتهاكات ولا تؤدي إلى عواقب. في السياق التنظيمي، يؤدّي هذا النوع من المواقف إلى زيادة الفوضى، وتصبح الثقافة التنظيمية المتراخية هي القاعدة. تنعكس هذه الظاهرة في المجتمعات غير المنظّمة في الشرق الأوسط حيث تشكّل هذه السلوكيات جزءًا طبيعيًا من الأعراف والثقافة، أما الأهداف والأيديولوجيا فليست هي الأهمّ في هذه الثقافة، بل المصالح والعلاقات الاجتماعية. اذ لا يحكم الصواب والخطأ القيادة واتخاذ القرار، بل الاعتبارات والمصالح الشخصية، مع ازدهار الفساد والمحسوبية وانعدام الانضباط في مثل هذه الثقافة التنظيمية، ويتمّ إسكات الانتهاكات والتستّر عليها اعتقادًا بأن شرف وسمعة المجموعة أو المنظمة محميان، ونتيجة لذلك، تصبح المنظّمات بمرور الوقت ملاذًا للأفراد ذوي الاهتمامات والدوافع المريبة، وبسبب تمازج هذه الظروف، تفشل المؤسسات الآشورية باستمرار في تطوير ثقافة تنظيمية تعزز الجدّية والانضباط والتفاني الأيديولوجي.

سطحية الأيديولوجيا

لقد تخلّت الحركة القومية الآشورية عمليًا عن أيديولوجيتها الخاصّة، خطوة بخطوة، عندما واجهت واقعًا وأحداثًا لم تكن

قادرة على التأثير فيها. لقد تراجعت عن مبدأ تلو الآخر، وتكيّفت مع الظروف السائدة بدلاً من السعي لإعادة تشكيل الواقع وفق أيديولوجيتها، التي هي مهمّة ومبرر كل حركة. فبدلاً من السعي إلى وحدة الأمة تحت هويّة واحدة وتسمية واحدة، قبلت تسميات مختلفة، وبدلاً من العمل من أجل تقرير المصير الآشوري، انتقلت إلى الإيمان والمطالبة بالبقاء تحت الاحتلال، وبدلاً من فصل الكنيسة عن السياسة، فقد قبلت وأشادت بمشاركة الكنيسة، وبدلاً من إضعاف الانتماءات الجماعية، حافظت على الانقسامات على أساس الجغرافيا والانتماء الكنسي وتعدّد اللهجات. هذه المنظمات الآشورية اسميّاً، أصبحت عملياً أحزاباً سوريّة أو عراقية لما يُشار إليه بشكل متزايد بـ "المسيحيين" بدلاً من الآشوريين.

هذا التآكل للمبادئ والأهداف الأيديولوجية هو نتيجة عدم القدرة على مواجهة العالم الخارجي في العمل الفعلي، فالأيديولوجيا الضعيفة بدورها تساهم في إضعاف الحركة من الداخل، ويصبح الفرق بين الكلمات والأفعال واضحًا بشكل متزايد حتى لأكثر المؤيدين التزامًا، لذلك تفقد الأيديولوجيا والحركة جاذبيتها بشكل متزايد. باختصار، يمكننا أن نستنتج أن الحركة القومية الآشورية قد تدهورت بشكل مطرد بدلاً من التعافي.

٦

مواجهات مع العالم بأسره

لم تؤثّر عقلية الضحية الجماعية على أنشطة الحركة الآشورية فحسب، بل أثّرت أيضًا على كيان الشعب. كنّا في الماضي، غالبًا ما نشكّل العالم من حولنا، لكن في العصر الحديث صار العالم من حولنا يشكلنا ويقلل من شأننا.

المحرومون

لقد مضى زمن الاستعمار منذ زمن بعيد، لكنّ مواقفه الأساسية لا تزال باقية في أشكال جديدة وأكثر إتقاناً. لقد تجنّبت الجماعات التي نجحت في تحرير نفسها وتشكيل دولها القومية الكثير من مقاربة ما بعد الاستعمار التي لا يزال الآشوريون وغيرهم من الشعوب التي لا دول لها يتعرّضون لها. الشعوب المستقلة لديها الموارد وصوتها يعتبر شرعيًا، ولا يتمتع الآشوريون بهذه الامتيازات في غياب دولتهم، ولا نزال معرّضين إلى حدّ كبير لنظرة الغرباء إلينا وكيف يصنّفوننا ولا يقف ذلك عند التقليل من شأننا.

في العالم الغربي بشكل رئيسي، يعتبر البعض أنه يحقّ لهم تحديد القضايا المتعلّقة بالهوية والأصل والثقافة الآشورية، ويرغب الغرباء في أن يملّوا علينا من نكون، واللغة التي نتحدث بها، وحتى المسار السياسي الذي يجب أن نحدده، ويتمّ التعبير عن هذه الآراء الاستعلائية بشكل رئيسي تحت غطاء البحث، فبعض الباحثين، الذين من المحتمل ألّا يقبلوا أبدًا أن ينال الآشوريين أو غيرهم الحرية نفسها فيما يتعلق بأصولهم، والصياغة الخاصة لهويتهم، ويتوقعون منا أن نتبع النموذج الذي ابتكروه بخصوص هويتنا.

نفاق البحث العلمي

من الأمثلة الواضحة على تأثرنا بمواقف مرحلة ما بعد الاستعمار هي الأبحاث الغربية حول اللغة الآشورية، فعلى الرغم من أنّنا منذ آلاف السنين نشير باستمرار إلى لغتنا على أنّها آشورية، فقد أصرّ الباحثون الغربيون على تسميات أخرى، وسعوا وراء أصل اللغة في كل مكان ما عدا بلاد آشور. يتّضح هذا الموقف العبثي عند مقارنة كيفية معاملة الشعوب الأخرى ولغاتهم، فالمتحدّثون باللغات الدانماركيّة والنرويجيّة والسويديّة يفهمون بعضهم البعض ولا يحتاجون إلى ترجمة، وتتم الإشارة إلى ثلاث لهجات هي في الأساس لغة واحدة هي اللغة الاسكندنافية وتحترم على أنها ثلاث لغات وطنية منفصلة. من ناحية أخرى، لا نتمتع بنفس الامتياز ولكن يقال لنا مرارًا وتكرارًا أن لغتنا لا تنتمي إلينا حقًا.

كما أن الكتابة الآشورية لم تفلت من هذا الموقف المفترض أن يكون حسن النية، فقد أخذ الباحثون الغربيون حريتهم في تصنيف الخطوط الثلاثة للكتابة الآشورية على أساس التوجه الكنسي، فقد قيل لنا أنّ لدينا خطوطاً كلدانية وسريانيّة ونسطورية، وهذا تصنيف مصطنع، وترتيب لا علاقة له بتاريخنا ولغتنا المكتوبة.

لطالما احتفظت الدول الغربية بالحقّ في تحديد هويتها وتصنيف لغاتها وفقًا لما يناسب هويتها الوطنية، بينما يُحرم من لا يملكون دولة في أجزاء أخرى من العالم أحياناً من الحقّ نفسه فيما يُزعم أنه بحث موضوعي. من الواضح أن العلم في هذه النواحي غالبًا ما يعمل كأداة لإضفاء الشرعية على البعض والتقليل من شأن الآخرين. اللغة جزء مهم من العوامل التي تشكّل الهويّة، وهي ضرورية في كل عملية لتشكيل الأمة. يستمر البحث العلمي المنافق في حرماننا من لغتنا وبالتالي يساهم في تعطيل عملية البناء المستمرّ للأُمة.

الاستخفاف والتشكيك

غالباً ما يستخف العالم بأسره ويشكك في نضال الشعوب التي لا دول لها وتناضل من أجل حريتها. من بين أمور أخرى يقال بوضوح أن العالم لا يمكن أن يعمل إذا كان لكلّ مجموعة عرقية دولتها الخاصة، وغالبًا ما يوصف السعي وراء تقرير المصير على أنّه صراع ضيق الأفق من أجل مجتمع متخيّل، ويتم وصف القومية العرقية بعبارات سلبية، والنضال من أجل الحقوق العرقية يساوي اضطهاد الآخرين. غالبًا ما يروج الغربيون، الذين تمتعوا على مدى أجيال بجميع الامتيازات التي تتمتع بها دولهم ذات الأغلبية العرقية، لهذا الموقف. يقال أحياناً أن عصر الدولة القومية قد انتهى، وأن على الآشوريين وغيرهم أن يتعلموا العيش كأقليات في ظلّ الأغلبيات التي تستمر في قمعها، وفي حالة الآشوريين الذين يتم طردهم وذبحهم. يتم طرح هذه الآراء كأفكار مستنيرة ترتقي فوق القومية ضيقة الأفق من قبل أولئك الذين هم أنفسهم نتيجة لعملية تشكيل دولة قوميّة. إنّه موقف استخفاف يهدف إلى إضعاف الروح المعنوية ولصق العار ونزع المصداقية، ولكن قبل كل شيء حرمان الآخرين من الحقوق والامتيازات التي يعتبرونها أمرًا مفروغًا منه، والتي يعزّزونها ويدعمونها يوميًا دون أي تشكيك.

الحرب النفسية

اضافةً الى قيام العالم الغربي بالاستخفاف والتقليل من شأنهم، يتعرض الآشوريون وغيرهم من الشعوب التي لا تملك دولاً الى الحرب النفسية التي تشنّها الاغلبية المسيطرة على أرضهم، اذ لا يمكن للقوى المعتمدة على قوّة السلاح فحسب أن تحافظ على

احتلال طويل الأمد، فالحرب النفسية أكثر فاعلية على المدى الطويل، والمقاربة هي جعل أولئك الذين يعيشون تحت الاحتلال يشعرون بأن لديهم ضعفًا متأصلاً وأنهم غير قادرين على الوقوف على أقدامهم. لقد ساعدت الفترة الطويلة التي عانينا فيها من الاضطهاد في تعزيز هذا الشعور، وقد تبنّى الكثيرون موقف المحتلّين، وأقنعوا أنفسهم بأن هذه هي الطريقة التي يجب أن تسير عليها الأمور.

تسعى الحرب النفسية أيضًا إلى جعل أولئك الذين يعيشون تحت الاحتلال يشعرون بالعار من ثقافتهم. هذا هو أحد الأسباب التي دفعت مجموعات مختلفة من الآشوريين إلى التخلّي عن لغتهم لصالح لغة المحتل، وهناك العديد من الأمثلة على كيفية تعبير الآشوريين عن وجهات نظر تزدري اللغة الآشورية وأبناء جلدتهم المتمسكين بها. ان كلّ من في السلطة والأغلبية في آشور لديهم المصلحة في الترويج لصورة معينة عن الآشوريين وتعزيز الشعور بالضعف والدونيّة والعجز.

الاذعان

بعد قرون من العيش تحت الاضطهاد، أصبح لدينا احساسٌ بالدونيّة وذلك يرتبط ارتباطًا وثيقًا بكوننا ضحيّة. يتجلّى هذا الشعور بالدونية بطرق مختلفة في مواجهتنا مع العالم بأسره. لدينا احترام مفرط للغربيين الذين يملون علينا من نكون أو لا نكون، فالشخص غير الآشوري المهتم بنا يُظهر له احترامٌ و اهتمامٌ و تقديرٌ أكبر بكثير ممّا إذا كان الشخص واحدًا منّا. يمكننا أن نمدح اللغويين الغربيين بألقاب مثل "أستاذ الأساتذة"، ونكرّمهم، بينما يُنسى الآشوريون الذين فعلوا اكثر من ذلك من أجل اللغة ونادرًا

ما يتمّ ذكر أعمالهم ولا يُعرفون كثيرًا. لقد استوعبنا استخفاف العالم من حولنا وجعلناه طبيعيًا، ويتّضح هذا، على سبيل المثال، عندما نصف أنفسنا للغرباء على أنّنا "أقليات مسيحية في سوريا والعراق وإيران وتركيا". عندما نصف أنفسنا بهذه الطريقة، فإننا نستخف بأنفسنا ونضفي الشرعية على قوى الاحتلال دون تفكير. كون الأقلية ليست هويتنا، بل هو حال نحن به و لم نختره أبدًا، بل ما فُرض علينا من خلال الإبادة الجماعية والتطهير العرقي والقمع والاستخفاف ومحو الهوية.

الجواب على السؤال الدائم

عندما نلخص الظواهر والأنماط السلوكية التي تمّ ذكرها حتّى الآن في هذا الكتاب، يظهر نمطٌ يخبرنا الكثير عمّا اصبحنا عليه، لطالما كان من الصعب علينا إجراء تحليل دقيق ومتعمّق لأسباب تدهورنا المستمر، فالأدلة العلمية جديدة نسبيًا حول وجود الصدمة الجمعية وعقلية الضحية. أي شخص كان جزءًا من الحركة القومية الآشورية خلال الثلاثينيات، على سبيل المثال، لم يكن لديه أي سبب للتفكير في السؤال بالطريقة نفسها كما هو الحال اليوم إذ لم يعد بإمكاننا تجاهل الفشل الظاهر.

عندما قمنا بتجميع كل الأجزاء معًا، أصبحت لدينا أخيرًا إجابة عن السؤال الذي لم نتوصل لجوابه لعقود من الزمن. يمكننا أن نرى كيف أن آثار عقلية الضحية الجمعية تلتهمنا من الداخل مثل الثقب الأسود، وتجعلنا غير قادرين على إحراز تقدم في أيّة نقطة هامّة، وظلّت تحاصرنا لقرون عديدة، وأصبحنا غير قادرين على الخروج من قبضتها القوية أو حماية أنفسنا من قواها المدمّرة والمهلكة.

في حالة الهروب من الواقع، بشكل حماس ديني مبالغ فيه، والخضوع للأعداء، وجود حركة قوميّة فاقدة للثقة بالنفس و تفشي اللامبالاة الجماعية، فالنتيجة النهائية لا يمكن أن تكون شيء آخر سوى الكارثة التي شهدناها على طول المائة عام الماضية. لقد تم ملئ الفراغ الناشئ بالعجز الذي جعل جهودنا غير فاعلة عندما خنق إيماننا وشعورنا بالقدرة الذاتية.

٧

الحلّ النهائي

لقد شكّلت تقلبات التاريخ الآشوريين لأكثر من ألفي عام، وكنّا دائما تحت رحمة الآخرين، ونظرًا للتطور السلبي طويل الأمد، نجد أنفسنا اليوم عند مفترق طرق حاسم.

الانحلال

إنّ النهاية القاتمة والمحتملة لرحلتنا الطويلة هي أن نختفي من الوجود كشعب، ويبدو أننا نسير على هذا المسار، حيث يضعف الشعور بالانتماء للجماعة تدريجيا، و تنمو الأجيال الجديدة في الشتات بمعرفة أقلّ لثقافة أجدادهم وهويّتهم، واذا لم يتمّ فعل أي شيء، فستكون هذه هي النتيجة الطبيعية، ان نكون كشخص محتضر يموت ببطء. قد لا يعير البعض منّا ذلك أيّ اهتمام، ويعتبرون هذا المصير المرير حتميا، في حين يعتقد الكثير منّا ان ذلك لن يحصل أبدًا، ويستشهدون على ذلك بأننا على الرغم من عدم امتلاكنا دولة ورغم مواجهتنا للكثير من المصاعب لآلاف السنين فقد نجونا واستمرينا بالوجود. إنّ المحور في هذه الحجة هو أنّ الثقافة والهويّة الآشورية ستتغيران، لكنهما لن تهلكا لأننا نجونا سابقاً وسنستمر في الوجود مهما حدث. يوفّر هذا الموقف الإيجابي إحساسًا بالأمان، ومع ذلك فإن الشعور الخاطئ بالأمان هو الذي يزيد الخطر لأنه ينتج عنه موقف مسترخ في الوقت الذي نحتاج فيه بذل جهد حقيقي.

أولئك الذين يشعرون بالاسترخاء الشديد يفشلون في فهم أن

بقاءنا يرجع إلى آليات أساسية وليس نوعًا من القدرة الخاصة على البقاء، ويتجاهلون حقيقة أن العالم يتغيّر بوتيرة سريعة، مما يؤدي إلى زوال الظروف التي كانت ولفترة طويلة تضمن بقاء الآشوريين تلقائيا. لقد كانت إحدى الآليات هي الحظر الديني على الاختلاط مع غير المسيحيين، مما ضمن بشكل غير مباشر بقاءنا حتى الوقت الحاضر. إضافة إلى حقيقة أخرى وهي أن غالبية الآشوريين حتى وقت قريب كانوا يعيشون في منطقة جغرافية موحّدة في آشور.

يتم اليوم إلغاء كلا الآليتين بسرعة، فنحن مشتتون جغرافيا ولم نعد نعيش بمعزل عن الأغلبيّة غير الآشورية سواء في آشور أو في الشتات، وبالتالي، لم تعد هناك أية ظروف يمكن أن تضمن الّا ينتهي بنا المطاف في المستقبل ببساطة كمادّة في كتب التاريخ المستقبلية.

الجيوب العرقية

وتعني الجيوب العرقية تمركز الآشوريين في مناطق معينة، فقد نوقشت في أماكن وفترات مختلفة فكرة خلق مستقبل جديد للآشوريين في موقع جغرافي مختلف عن بلاد آشور، فقد أوشك آشوريو هكّاري منذ حوالي مائة عام، على القبول بإعادة توطينهم في أمريكا اللاتينية بمساعدة عصبة الأمم. يوجد اليوم جاليات آشورية في أستراليا والولايات المتحدة وأوروبا، إذ يعتبر البعض هذا حلّاً ممكناً، معتقدين أنّ على الحركة القوميّة ضمان بقاء الشعب من خلال زيادة وإدامة هذه التمركزات الديموغرافية في الشتات.

ومع ذلك، تؤدّي الجيوب العرقية إلى عدد من المشاكل دون

تقديم حل نهائي، فقد لا تثق الاغلبية بهذا الجيب العرقي، والذي يمكن أن يصبح أيضًا عُرضة لوصمه بالعار، يمكن رؤية هذا بالفعل في الأماكن التي توجد بها مجموعات كبيرة من الآشوريين أو من مجموعات عرقية أخرى. بخلاف وصمة العار، لا يمكن تجنّب الشروط الأساسية التي تملي وتحدّ من دور الأقلية في المجتمع، ويمكن أن تخضع المجموعة الظاهرة للعيان بسهولة لسياسة استيعاب صارمة أو تدابير أسوأ إذا أصبحت المواقف في مجتمع الأغلبية أقلّ تسامحًا. بالإضافة إلى ذلك، ستكون الأجيال القادمة أقل انجذابًا للاستقرار في ما يسمى "المناطق المعرضة للخطر" أو الجيتو.

لذلك فإن الجيوب العرقية هي حلّ قصير الأمد يجمع بين المشاكل الأخرى على المدى القصير والطويل. في أحسن الأحوال، سيكون وسيلة لتأخير الحلّ النهائي الذي لا مفرّ منه.

تجمعات عالمية

أعرب البعض عن وجهات نظر حول نوع من الوجود العالمي للشعوب التي لا تملك دولاً، والفكرة هي أنّ عالم اليوم مختلف اختلافًا جوهريًا، وأنّ عصر الدولة القومية قد انتهى، اذ تعمل التكنولوجيا على طمس الحدود السياسيّة وتقليل المسافات الجغرافية مع مرور كل عام. في الماضيً، ولدت غالبية البشر وعاشت وماتت في المكان نفسه، في حين نرى كيف أصبح المجتمع المعاصر أكثر تنقلاً من أيّ وقت مضى. يمكننا أن نتصور مستقبلًا حيث يولد جزء كبير من سكان العالم في مكان واحد، ويعيشون في عدد من الأماكن المختلفة، وربما يُدفنون على كوكب مختلف تمامًا، إذا ما أردنا أن نصدّق بعض المفكرين أصحاب الرؤية المستقبليّة. يجب أن

نكون مستعدّين للتفكير خارج الصندوق في عالم يتجه نحو ظروف وأنماط معيشية جديدة تمامًا، وفقًا لأولئك الذين يدافعون عن فكرة المجتمع الحديث المتواصل. التصوّر هو أن الآشوريين يمكنهم الحفاظ على شبكة عالمية لا حدود لها من التجمعات المترابطة والعيش كدولة غير إقليمية.

من الواضح أنّنا كشعب نستغل بالفعل فرص العالم الحديث من أجل بقائنا، وتكمن المشكلة في مفهوم أنّ هذا التطور يمكن أن يكون حلاً نهائيًا للمسألة الآشورية. في الواقع، لا شيء يمكن أن يحلّ محلّ التركيز الديموغرافي للحفاظ على ثقافة وهوية نابضة بالحياة. الهويّة العرقية والقومية هي نتاج التمركز الجغرافي، ولا يمكن الحفاظ عليها بمرور الوقت إلا من خلال تركيز جغرافي كافٍ. سوف يتلاشى الناس المشتتون ببطء وبكلّ تأكيد، بغض النظر عن الجهود العديدة، دون وجود مكان ما في العالم فيه أغلبية آشورية تحكم نفسها. يمكن للتجمعات العالمية التي تعمل بشكل جيّد في احسن احوالها ان تؤجل ما لا مفرّ منه وحسب، فالعالم الحديث، بكل إمكانياته الحالية والمستقبلية، هو بالتالي جزء من الحل الذي يستحيل أن يكون حلّاً نهائيًا، وبدلاً من ذلك، يجب اعتبار الفرص التي أصبحت متاحة بشكل متزايد على أنّها وسائل يمكن أن تسهم في حلّ مختلف وأكثر ديمومة.

أقلية محمية في بلاد آشور

لا يزال الكثير منا يعتقد أن الحلّ النهائي يكمن في آشور، ويستند هذا إلى التقييم القائل بأنّ الديمقراطية الحقيقية وسيادة القانون ستسود عاجلاً أم آجلاً في الشرق الأوسط، وسيتمكن الآشوريون من العيش بسلام وازدهار كأقلية معترف

بها رسميًا. هذا الحلّ هو ما تعتبره العديد من المنظمات الآشورية هدفها والحلّ الواقعي الوحيد طويل الأمد. هذا يعني أنّ علينا أن نقبل الحقيقة وأن نكتفي بوضع الأقليّة الدائم. بالرغم من أنّ هذا الاقتراح بديل واقعي، إلا أنّه لا يقدّم حلاً حقيقياً ونهائيّاً للمسألة الآشوريّة.

إن البقاء كأقلية، وإن كان في آشور، لا يضمن بالضرورة البقاء في المستقبل، فالعيش كأقليّة محميّة في آشور سينتج عنه مخاطر وتحدّيات في المستقبل. من الممكن تصوّر كيف سيتمّ انصهار الأقلية، بمرور الوقت، في الأغلبيّة السكّانية التي ترتبط بها ثقافيًا. من المحتمل جدًا أن يكون هذا السيناريو في المستقبل البعيد، حيث ستختلط الجماعات العرقية والدينية في الشرق الأوسط، على غرار الغرب، بتغلّبها على الانقسامات الحالية، وسوف تتراجع الاختلافات الدينية والثقافية والعرقية التي كانت في السابق بمثابة حاجز بيننا وبين الأغلبية في آشور. إن الوصول الى مكانة الأقليّة المعترف بها رسميا في آشور هو حلّ جيد، لكنه مؤقّت ولا يوفّر ضمانة نهائية للبقاء حتّى في أفضل السيناريوهات.

دولة آشورية

إن فكرة إقامة دولة في آشور قديمة وُلدت مع الفكر الآشوري الحديث، ومع ذلك، يعتقد المزيد والمزيد منّا أنّه مجرد حلم بعيد المنال. غالبية الآشوريين المعاصرين يعتبرون هذه الفكرة قد ولّى زمانها، على الأقل منذ مذبحة سميل عام ١٩٣٣. واليوم تعتبر الفكرة بمثابة تمنّ أو إنكار متطرّف للواقع، ومع ذلك، يشعر الكثيرون في قلوبهم أن الحلّ الحقيقي والنهائي الوحيد للقضية الآشورية هو الاستقلال في آشور، ويتّفق معظمهم على أن بقاءنا

على المدى الطويل لا يمكن ضمانه إلا في دولتنا حيث نشكّل الأغلبية، في حين أن الكثيرين يرفضون الفكرة بسرعة باعتبارها مستحيلة، إلّا أنّ القليل منّا حاول تحليل ما إذا كانت بعض الشروط الأساسية لا تزال قائمة.

أن فكرة إنشاء دولة تُفهم على أنّها خيال جامح وتُظهر كيف شكّلت فكرة الضحية عقلية الناس الجمعية، ولا يزال موقفنا يمليه المنطق الناجم عن العجز، وقد أخمدت النظرة الانهزامية كلّ جيل آشوري جديد وقادته إلى الاعتقاد بأن الاستقلال أمر مستحيل. بدلاً من ذلك، ننظر بحنين إلى الماضي ونتخيّل أنّ الجيل السابق كانت الشروط المتوافرة لديه افضل. لم يكن موقفنا من تحقيق الاستقلال قائمًا في الواقع على حقائق أو وقائع، فحتّى عندما كانت التركيبة السكانية وغيرها من الظروف مواتية، ظلّت الفرصة بعيدة المنال، والسبب هو اننا كُنّا محكومين بالاعتقاد أنّ الأمر بعيد المنال، وليس كما هو الواقع. عندما عبّر البعض عن الفكرة، فقد فعلوا ذلك اعتقاداً منهم أنّ على الآخرين منحنا الاستقلال. عندما يرفض آشوريو اليوم فكرة الاستقلال، فإنهم يفعلون ذلك على أساس نفس النوع من الافتراضات التي جعلت الهدف دائمًا يبدو بعيد المنال، وإذا حاولنا بدلاً من ذلك تحليل المشكلة دون القيود التي خلّفتها عقليّة الضحية، فسوف يدرك الكثيرون أنّ الهدف واقعي وممكن.

٨

متطلبات الاستقلال

يمكن لأي شخص يناقش قيام دولة آشورية أن يتلقى ردّ فعل يتراوح بين الفضول والاهتمام، إلى التساؤل وحتى الازدراء. يذكر الكثير أن الاقتراح يفتقر إلى الشروط الأساسية وقلة منهم على استعداد لتحليل القضية بموضوعية وتجاوز التفكير المتّصف بالحديّة.

الشروط الأساسيّة

من أجل تشكيل دولة جديدة، يجب أن تكون هناك بعض الشروط الأساسيّة بالإضافة إلى ما يسمّى عادة التركيبة السكانية والحقائق على الأرض. إن هذه الشروط الأساسيّة بالنسبة للآشوريين، مضمونة لفترة طويلة قادمة. ثلاثة عوامل متواصلة ومترابطة تشكّل هذه الشروط الأساسيّة؛ الحقّ التاريخي للآشوريين في المنطقة، والتكوين العرقي للدول المحتلة والطريقة التعسّفية التي تمّ بها ترسيم الحدود ذات مرة. ان حقنا التاريخي لا يمكن إنكاره ولا يسقط بالتقادم، وهو لا يتأثر بأية حدود مستقبلية في المنطقة. إنّ التركيبة متعددة الأعراق في المنطقة، ولا سيّما توزيع الأكراد وسعيهم إلى الاستقلال، هي مصدر دائم للتغيير والإمكانيات، كما ان الترسيم التعسفي للحدود الذي حدث قبل مائة عام يجعل من الممكن دائما الطعن في شرعية تلك الحدود. إنّ الجمع بين هذه العوامل الثلاثة يؤدّي إلى تكوين الشروط الأساسيّة الجيوسياسيّة المطلوبة وتمكين إنشاء دول جديدة في المنطقة مستقبلاً.

بالإضافة إلى هذه الشروط المحددة، هناك أمر سياسي حاصل في العالم يساهم أيضًا في قبول فكرة الدولة لواحدة من أقدم أُمم العالم. يرجع ذلك إلى حقيقة أنّ الخريطة السياسية للعالم تتغيّر باستمرار، فقد تمّت منذ تسعينات القرن الماضي إضافة حوالي ثلاثين دولة جديدة وتمّ الاعتراف بعدد من مناطق الحكم الذاتي الجديدة، ولا تزال العديد من الحركات السياسيّة القائمة على أساس عرقي في جميع أنحاء العالم تسعى إلى الحكم الذاتي أو الاستقلال. هذه الحقائق مجتمعة، تعني أنّ الظروف الخارجية لقيام الدولة الآشورية المستقبلية ستستمر في الوجود لفترة طويلة قادمة.

الفرص والمخاطر

على الرغم من أنّه من الصعب تخيّل ذلك في الوقت الحاضر، فمن المرجح أن نرى ثقافة سياسيّة متغيّرة جذريًا في الشرق الأوسط. سوف يتضائل التطرف القومي والإسلامي لصالح ثقافة أكثر تسامحًا حيث تُحترم الاختلافات وتُحمى الأقليات، وستتّجه الثقافة السياسيّة نحو ما نراه في الدول الأوروبية حيث يتمّ الاعتراف بالأقلّيات وتتمتّع بمعاملة خاصّة إيجابية. قلّة هم الذين كانوا يتخيلون في السابق أن مثقفين أتراكاً سيكتبون يومًا ما عن سيفو ويدينون إنكار بلادهم، و أقل منهم يمكن يتصور ان يتعاطف بعض الأتراك مع الحركة الكردية، ناهيك عن وجود حزب كردي أو إذاعات تلفزيونية كرديّة في تركيا. بغض النظر عن الانتكاسات المتقطعة في بلدان مثل تركيا والعراق، فمن الواضح أنّ المزاج العام يسير في الاتّجاه الصحيح، وإن كان بطيئا وقليلاً جداً. ستكتسب الديمقراطية الحقيقية موطئ قدم في الشرق الأوسط وفي الدول

المحتلّة لبلاد آشور. السؤال هنا ليس ما إذا كان ذلك سيحدث، ولكن متى يحدث، وسوف تفتح الثقافة السياسية المتحوّلة في المنطقة فرصًا للشعوب التي لا تملك دولاً لتقدم قضيتها. يتيح هذا التطور المستمر فرصة جديدة للشعب الآشوري منذ فشله بعد الحرب العالمية الأولى وضياع فرصه الأخرى. من المهمّ رؤية هذه الفرصة واغتنامها، فعلى سبيل المثال، قد يحصل الآشوريون على حقوق سياسيّة وحكم ذاتي محلي في تركيا والعراق مستقبلاً، ومع ذلك، فإن مثل هذا التطوّر لا يغيّر حقنا الأساسي في دولتنا. كاتالونيا في إسبانيا المعاصرة تتمتع بالحكم الذاتي المحلي في واحدة من الديمقراطيات الأولى في الغرب، لكنّها تواصل المطالبة بالاستقلال.

بالإضافة إلى الفرص التي سيطرحها الاتجاه السياسي العام، هناك احتمال أن الأحداث المفاجئة قد تسمح بتغيير سريع، فالأحداث الدرامية التي تكشفت خلال العقدين الماضيين في العراق هي مثال جيد على مدى السرعة التي يمكن أن يتغيّر فيها الواقع. تمثل حركة الاستقلال الكردية مصدراً رئيسياً لأستمرار عدم الاستقرار والتقلبات الإقليمية، ومن وجهة النظر الآشورية تمثل تهديدا وفرصة في آن واحد، فمن الممكن سرد عدد من السيناريوهات التي قد تحدث في آشور على المديين القصير والمتوسط، ومن الواضح أيضًا أن الكثير ينتظر ما سيحدث في المنطقة في المستقبل.

لقد اعتبر الآشوريون التغييرات المفاجئة مجرد تهديدات ونسوا أن بإمكانها أيضًا تقديم الفرص، ولكي تكون قادرًا على الاستفادة من الفرص الناشئة يتطلب ذلك حراكاً قادراً وجريئاً ومجهّزاً بشكل صحيح، وهو ما لا نزال نفتقر إليه. لقد كانت هذه حقيقةً مشكلتنا، وليس الأحداث الدرامية في حد ذاتها. نحن لا نعرف على وجه اليقين ما هي التغييرات التي ستحصل، سواء

على المدى القصير أو الطويل. ما نعرفه هو أن التغيير هو الثابت الوحيد. لا يمكننا دائمًا التنبؤ بالأحداث، ولكن يمكننا تطوير قدرتنا واستعدادنا لتحقيق أقصى قدر من الفائدة، وتجنب التداعيات أو امتصاصها.

من المهمّ أيضًا تغيير طريقة تفكيرنا في الاستقلال والابتعاد عن التفكير الحدّي، اما الأبيض أو الأسود، وتصبح فكرة الاستقلال أكثر واقعية عندما نراها من منظور المراحل بدلاً من خطوة واحدة مفاجئة وحاسمة. ذلك يتعلق بمدى القدرة على تصوّر كيفية ازدياد حقوق الأقليات و تشكيل حكم ذاتي و تطورات أخرى حيث يمكنها أن تكون مراحل ضرورية للطريق نحو الهدف الكبير.

العامل الديموغرافي

إنّ الكثيرين من الآشوريين مستعدّون لرفض احتمالات تقرير المصير على أساس التركيبة السكّانية السائدة وحقيقة أنّنا قد تمّ دفعنا لنصبح أقليّة صغيرة في آشور، وفي نهاية المطاف، فلا معنى لحقّنا التاريخي والفرص المختلفة دون وجود ديموغرافي على الأرض. وهنا أيضًا، يكمن الحلّ في الابتعاد عن التفكير الحدّي.

تقترن القضية الديموغرافية بالجغرافيا والسياسة، وهذا يعني أن أيّ شخص يقبل أنّ الدولة الآشورية يمكن أن تكون أصغر بكثير من حيث الامتداد من الدولة الآشورية التاريخية، يدرك أنّه يمكن التغلب على التحدّي الديموغرافي. من أجل بقائنا على المدى الطويل، فإنّ الأغلبية الديموغرافية والحكم الذاتي هما الأساسيّان، وليست المساحة الجغرافية أو عدد ملايين السكّان هناك. يمكننا من خلال تكييف الطموحات السياسية مع ما يمكن

تحقيقه بشكل واقعي من حيث الحقائق على الأرض، أن ندرك أنّ القضيّة ليست بعيدة المنال كما نعتقد. يُطلق على جزء كبير من دول العالم ما يسمى بالدول الصغيرة التي تضمّ مساحة صغيرة من الأرض وعدد سكان قليل. يجب أن يكون طموح الحركة القومية الآشورية أكبر من إنشاء دولة صغيرة، ولكن أقلّ من إنشاء دولة تشمل قلب الأراضي الآشورية في مجمله. كما أنّ التركيبة السكانية لدينا هي أيضًا عامل يقع إلى حدّ كبير في أيدينا ويمكن أن يتغيّر بالجهد المنظم.

حتّى يومنا هذا، وإن كانت الآفاق تبدو مخيفة للغاية، هناك حوالي نصف مليون آشوري في آشور وأجزاء أخرى من الشرق الأوسط. ومع ذلك، فإنّ التركيبة السكّانية القويّة ليس لها أي جدوى إذا لم تكن قادرة على الصمود. لقد فرّ السكان الآشوريون في الماضي من آشور نتيجة الهجمات والقمع والصعوبات الماليّة. لذلك يجب ألّا يهدف العمل المنظّم إلى تعزيز التركيبة السكانية فحسب، بل جعلها أيضًا مستدامة وقادرة على الصمود. إنّ تزايد التسامح بين المجموعات الأخرى في المنطقة هو عامل يشير إلى أنّ هناك المزيد من الفرص لتحقيق وجود آشوري مستدام في آشور، وعلى الرغم من الانتكاسات الأخيرة بسبب الإرهاب الإسلامي، فإن الاتّجاه العام بين سكّان المنطقة يشير إلى أن التسامح في ازدياد.

جانب آخر من جوانب القضية الديموغرافية يتعلّق بالمهجر. يجب أن تصبح البلاد موطنًا لجميع الآشوريين في المستقبل بعد تأمين حريّتنا. تحتاج الدولة الآشورية إلى ضمان حقّ كلّ آشوري في المواطنة والاستقرار في آشور بغضّ النظر عن مكان ولادته في العالم، وهذا لا يعني بالطبع أن كلّ الآشوريين في العالم سينتقلون إلى هناك. اذ ليس من الضروري أو المُفضّل أن يعود كل الآشوريين ويستقرّوا في آشور، اذ يعيش معظم الأرمن في

العالم خارج أرمينيا، ويعيش غالبية يهود العالم خارج إسرائيل و يمكن أن يكون الشتات الكبير رصيدًا مهمًا لدولة صغيرة، فلا تناقض بين النضال من أجل تحرير آشور، وبين عدم التفكير في العيش هناك مستقبلاً. لا يتعلق النضال من أجل دولة آشورية بتجميع كل الآشوريين في العالم في مكان واحد، وإنّما يهدف في نهاية المطاف إلى إنشاء وطن يمكّن ويضمن بقاء الثقافة والهويّة الآشوريتين، وبالتالي فإنّ الهدف هو تأمين وجودنا الجمعي وليس إعادة توطين كل آشوري في الدولة الآشورية.

ديمومة الدولة الآشورية

مع الايمان بامكانية تحقيق الاستقلال، يمكن للمرء أن يشكّك في إمكانية بقاء دولة غير ساحلية في الشرق الأوسط وهي المنطقة الأكثر اضطرابا وعسكرة وقسوة في العالم. لقد خاضت إسرائيل بصفتها الدولة الوحيدة غير المسلمة في المنطقة، سلسلة من الحروب وما زالت تعاني من ضغوط عسكريّة واقتصادية وسياسية، ومن الممكن تصور دولة آشورية تواجه تحديات عسكرية وديموغرافية وسياسية مماثلة، ومع ذلك فإنّ السيناريو الأكثر واقعيّة هو أنّ آشور المستقبلية ستواجه مقاومة أقلّ على الأرجح. يمكننا القول بكلّ تأكيد أنّ الشرق الأوسط المستقبلي سيكون أكثر ديمقراطية وليبرالية وتسامحًا، وهكذا ستولد الدولة الآشورية في منطقة ذات عقلية مختلفة مقارنةً بما كان سائدًا عند إعلان دولة إسرائيل.

ثمّة سبب آخر مثير للشكوك هو الموقع الجغرافي للبلد دون الوصول إلى البحر، ولكن حقيقة وجود العديد من الدول غير الساحليّة تظهر أنّ هذا في حدّ ذاته لا يحدّد مستقبلها. سيتوقّف

مستقبل الدولة بشكل أكبر على كيفيّة عمل الآشوريين، فإذا اعتمدوا على الدعم الخارجي، فهناك خطر كبير من فقدان حرّيتهم مرّة أخرى، أما اذا اعتمدوا كلّيًا على أنفسهم، فسيؤمّنون حرّيتهم بغضّ النظر عن التحدّيات، فالثقة الكاملة بالنفس ليست ضروريّة لتحقيق الاعتماد على الذات فحسب، ولكن أيضًا لتأمين حريتنا إلى الأبد.

٩

الفكر الآشوري الجديد

نحن بحاجة إلى عقليّة مختلفة جذريًا يتبعها عمل جديد من أجل تأمين وجودنا كأمّة، ويجب أن يكون التغيير جوهريًا وعلى شكل تجدد أيديولوجي.

الاعتماد على الذات

لقد انطلق النضال الآشوري على أساس الدعم والاعتراف من الآخرين، انتظاراً لمعجزة ما واعتقاداً أنّ الطريق إلى تحرّرنا يمرّ عبر قوى أجنبية. يمكننا أن نرى حتى اليوم، كيف تكرّس المنظمات السياسية الآشورية وقتها إلى حدّ كبير لحضور المؤتمرات المختلفة وإصدار البيانات على أمل أن منقذٌ سيخلصنا، ونادرًا ما تجرّأنا على الاعتماد على قدرتنا الذاتية، حيث تمتلك كلّ أمّة كلّ الصلاحيات والقدرات والموارد اللازمة لتحرّرها، لا يمكن الادعاء بوجود أمة في غياب هذه المقومات. لقد أدركت الأمم التي حررت نفسها أهمية اكتساب القدرة التي آمنت بها ومارستها، ولم تقبل الواقع المُنْشَأ ورفضت التقيّد والامتثال لقيود الغير وتوقعاتهم.

إن الاعتماد على أنفسنا لا يعني أنّ على الحركة القومية الآشورية عزل نفسها وعدم التعاون مع الآخرين، ولكن كل العلاقات مع الآخرين يجب أن تتمّ من موقع سيادي وليس من قبيل التبعية. علينا أن نلعب الدور الرئيس في شؤوننا الخاصة، وستؤدي الثقة بالذات إلى زيادة القدرة على التخطيط على المدى الطويل والتصميم، وهما صفتان نحتاجهما كثيراً.

الهدف الواضح

ان الهدف النهائي لكلّ أيديولوجية قومية هو الاستقلال في شكل دولة قومية، وقد كان هذا الهدف الرئيسي للحركة القومية الآشورية كذلك، لكنّ هذا الدافع الأيديولوجي قد تآكل، ومع ضعف الشعب خفتت الدعوة إلى الاستقلال و فقدت معناها، وقد ضلّت الحركة مسارها و تشتت كثيرا. لا يمكن لأية حركة أن تولّد الثقة والزخم بين أتباعها دون هدف واضح ونهائي، فبغياب هدف الأستقلال النهائي، فإن الحركة تحدّ من نفسها وتستمرّ في تكوّنها من خلال تأثيرات عقلية الضحية الجمعية. يجب أن يشمل تجديد الحركة على التركيز على دولة آشور المستقلة، بغضّ النظر عن مدى بُعد هذا الهدف في الوقت الحالي، ويجب أن تدافع عن حقّ تقرير المصير باعتباره الهدف الوحيد الحقيقي والنهائي والطويل المدى.

الهوية المتجانسة

طرحت الحركة الآشورية بدرجة متزايدة هوية غير متجانسة بدلاً من البناء على جهود الوحدة القومية بين ابناء الشعب، ويمكننا أن نرى أنّ عقودًا من الاسترضاء لم تعزّز الوحدة وأنّ الارتباك المتعلّق بالهوية قد حلّ محلّها وأضعفها. لقد انتقلنا من اعتبارنا مجموعة عرقية إلى تعريفنا على أنّنا "جماعات مسيحية"، وأُهدرت عقود من العمل الجاد، ويبدو أنّنا نعود إلى نقطة الصفر. إنّ إضفاء الشرعية على طوائف الكنيسة باعتبارها طوائف عرقية لا يساهم في الوحدة، ولكنّه يطيل من التشرذم ويعزّز الارتباك لدى العالم الخارجي، إذ لا توجد أمّة تساوم على هويتها واسمها. إنّ قضية

التسمية هي من بقايا الحالة السياسية البدائية عندما تمّ تسميتنا بشكل جماعي وفقًا للانتماء الكنسي.

نحن بحاجة إلى المضي قدمًا وتجاوز هذا الوضع، وليس التراجع عنه وإدامة الحالة الراهنة، فقد امتد الارتباك المتعلّق بالتسمية العرقية إلى تسمية اللغة ايضا. كل هذا الالتباس مدفوع بالنوايا الحسنة والمُضللة والقائمة على فكرة أنّ التسوية ستؤدي إلى الوحدة.

بالإضافة إلى المفاهيم الخاطئة المتعلقة بالتسميات، خلطت الايديولوجيا الآشورية التقليدية أحيانًا الهويات العرقية والدينية والثقافية. كانت المسيحية الآشورية تبشيرية بطبيعتها، واستخدمت اللغة الآشورية ونظام الكتابة من قبل عدد من الشعوب عبر التاريخ، لذلك أحيانًا اعتبر الآشوريون خطأً بعض الجماعات المسيحية الأخرى في الشرق الأوسط، الذين لا ينحدرون من آشور، كجزء من الأمة الآشورية.

إنّ التشويش على الهوية يضرُّ بها، ويجب تقليله لتهيئة الظروف للوحدة، فالدعوة لهوية موحّدة لا تقوم على عدم التسامح أو عدم الرغبة في أن تكون شاملة، بل إنّها تقوم على إدراك الحقائق التاريخية، وإدراك أنها مقدّمة أساسيّة لإحساس قوميّ قوي بالهوية وأن التنازلات تزيد الأمور سوءًا.

الوحدة القائمة على أسس صحيحة

جعلت آيديولوجيا الآشورية التقليدية من الوحدة أيديولوجيا عليا، واعتبرتها شرطا مسبقا لأيّ ملمح للنجاح. إنّ الفكرة القائلة بأنّه لا يمكننا التقدّم ما لم نتّحد بشكل كامل هي فكرة خاطئة وقد أحبطت الجهود الآشورية لعقود. إنّ درجة أعلى من الوحدة

الأيديولوجية والسياسية بين الأمّة أمر مرغوب فيه بالطبع، لكنّه لا يشكّل عقبة أمام العمل في الواقع القائم. قد لا تكون هناك أمّة أو حركة سياسية في حالة اتفاق تام، لذلك من الضروري معارضة المفهوم القائل بأنّ الوحدة هي التي تقود إلى النجاح فحسب، ومن المهم بدلاً من ذلك، أن ندرك أنّ النجاح في حدّ ذاته يمكن أن يعزّز الوحدة. هناك دليل على هذا في تاريخنا عندما أعلن قادة الكنيسة توحيد الأمّة الآشورية حين بدا أنّ هناك فرصة للتحرر بمساعدة البريطانيين، لكنّهم بدأوا في الابتعاد عن آشوريتهم بعد مذبحة سيميل عندما تحطّمت تلك الآمال. إنّ الطريق إلى تعزيز الوحدة لا يمر من خلال تقديم التنازلات إلى الحركات المضادّة ولكن من خلال التنوير والمواجهة الأيديولوجية وخلق النجاح الذي يجذب الناس. تستند الحركات الرافضة للانتماء الآشوري أساسًا على هويّاتها الكنسية الخاصّة والتي لديها أيديولوجية محدّدة وحصريّة. وعلى النقيض من ذلك، تقوم العقيدة الآشورية على هويةٍ قوميّة وهي أيديولوجية شاملة لجميع طوائفنا، وقد كانت الوحيدة القادرة على جذب الأفراد من جميع المجموعات والطوائف بلهجاتها ومناطقها في الأمة وخلق أغلبية بحكم الواقع. من الضروري البناء، من ناحية، على هذه الوحدة القائمة ومن ناحية أخرى عدم اعتبار الاتّفاق الكامل شرطًا أساسيًا للعمل الناجح، بل النظر إلى التقدم باعتباره شرطًا أساسيًا للعمل الناجح لتحقيق الوحدة المعزّزة.

شمولية العقيدة الآشورية

لا توجد منظمة سياسية آشورية شاملة بالرغم من النشاط الذي يمتدّ لأكثر من مائة عام، وقد تحوّلت غالبيّة المنظمات

القائمة إلى نوادٍ للأعضاء الآشوريين من الخلفية ذاتها، وقد تمّ تشكيلها على أساس الإقامة الجغرافية أو الانتماء الكنسي أو على أساس اللهجة. إن الوعظ عن وحدة الأمّة و البقاء محبوسين في الهياكل القديمة يفتقد المصداقية، ولذلك، يجب على الحركة السياسيّة التي تتبنّى العقيدة الآشورية بأننا أمّة واحدة أن تثبت ذلك في أعمالها.

وعلاوة على ذلك، أصبحت العديد من هذه الجماعات مع مرور الوقت تُعرّف نفسها على أنّها أحزاب وطنية في سوريا أو العراق أو غيرهما من دول الاحتلال. يمكن القول من حيث الأيديولوجيا، بأنّها قد ابتعدت عن مبدأ العقيدة الآشورية. تحتاج الحركة الآشورية إلى كسر هذه القيود وإدراك مقدار الطاقة التي سيتمّ إطلاقها عندما نكسر الجدران بيننا، فنحن في حاجة ماسة إلى تنظيمات سياسية قائمة على أيديولوجية لا تضع حدودا بين الآشوريين، وتكرّس نفسها لجمعهم من خلفيات مختلفة وعلى نطاق واسع. ان خصومنا هم من سيستفيدون فحسب عندما نستمر في تنظيم أنفسنا وفقًا للهياكل القديمة.

صنع القرار القوميّ

فشلت الحركة القومية الآشورية في ممارسة التنسيق القومي أو صنع القرار خلال كل هذه العقود، اذ تمّ القيام ببعض المحاولات، ولكن ثبت دائمًا أنّها غير كافية ولم يتمّ التمعّن فيها بشكل صحيح. قد يكون لمختلف المنظّمات السياسية الآشورية أجندات واستراتيجيات وأهدافاً مختلفة، لكنّ أساس وجودها هو نفسه. إذا ارادت حركة قومية أن يحسب له العالم الخارجيّ أيّ حساب، فعليها إثبات أنّه يمكن أن تجمع مكوناتها تحت سقف واحد، ولا يتعلّق الأمر بالوحدة

القوميّة التي اعتبرها الآشوريون ضرورية للغاية لضمان النجاح والتي أعاقت حركتهم لعقود، وليس الهدف أيضًا أنّنا يجب أن ننظّم أنفسنا على أمل أن نتحرّر من قبل قوى خارجيّة. إنّ صنع القرار القومي يعني أنّ الناشطين في الحركة القومية الآشورية يطوّرون آلية للعمل المشترك على أساس مصلحتهم المشتركة ومن أجل إحراز التقدم في أهدافهم المشتركة. هذا لا يعني أنّ على أيّ ناشط التخلّي عن نفسه، والغرض ليس "توحيد" الحركة بالمعنى التقليدي للكلمة. صنع القرار القومي هو إشارة للعالم بأسره بأنّ الحراك ناضج سياسيًا وقادر على أن يكون نظيرًا جادًا، كما أنها إشارة مهمّة للشعب لتعضيد التعاون وزيادة الإيمان وتعزيز الثقافة السياسيّة لديه. لكي نصبح دولة إقليمية، يجب علينا أوّلاً أن نحقّق القدرة على أن نكون دولة غير إقليمية من خلال ممارسة صنع القرار الوطني.

التنوير

ان من بين الاخطاء العديدة للحركة القومية الآشورية أنها اعتمدت على التعليم لخلق شعب متنوّر. إنّ تعليم الفرد هو أمر خاص، ولكن التنوير مسألة تخصّ الحركة القومية، فبينما يوفّر التعليم الرسمي المهارات الفنية، فإن التنوير يساعد الفرد على فهم محيطه بشكل أفضل والسعي لتحقيق المثل العليا. إنّ الظواهر القديمة في شكل ولاء العشيرة والجوانب الأخرى التي يستمر الآشوريون عمومًا في الحفاظ عليها هي نتيجة الافتقار إلى الثقافة والوعي العالمين، والضامن النهائي لنضال واع وأمّة مزدهرة هو شعب واع ومستتير. ليس من قبيل المصادفة أنً تقوم العديد من الحركاتً السياسيّة الناجحة على جهود تنويرية ناجحة. إنّ الحركة الواعية

تتمتع بظروف أفضل لإنشاء منظمات تعمل بشكل جيد، والثقافة التنظيمية حيث تكون الأيديولوجيا والقواعد في الواقع أمراً هامّاً ستؤدّي بدورها إلى الانضباط وبالتالي تحسين الظروف لتحقيق أفضل النتائج.

١٠

الطريق إلى آشور

لقد استمرّت عقلية الضحية الجمعية طويلا بكلّ آثارها وعواقبها المدمّرة. ومع ذلك، لا ينبغي أن نستمرّ على هذا النحو، فلدينا كل الفرص للانطلاق في مسار جديد واستعادة الأرض التي فقدناها.

الطريق إلى آشور يبدأ من ذواتنا

فمنذ ظهور الفكر الآشوري، أصبح معظمنا يؤمن حتّى وقت قريب بالقضية الآشورية، لكنّ القليل منّا اعتمد على قدرتنا الذاتية في تحقيقها. يبدو الآن أنّ العكس يتحقّق، فأولئك الذين يقتنعون بأنّ للقضيّة الآشورية فرصة للتحقيق قليلون جدّاً، بينما يتزايد عددهم ببطء للوصول إلى نتيجة مفادها أنّنا يمكننا تحقيق هذا الهدف بأنفسنا. بعبارة أخرى، نحن نجازف بكوننا ألد الاعداء لأنفسنا، اذ طالما اعتدنا أن نرى دائمًا الكأس نصف فارغة، فمن يعاني من هذه العقدة لن يشعر أبدًا بأنّنا قادرون من حيث العدد أو القوّة أو متّحدون بما فيه الكفاية. إنّه خطاب وعقلية الأعذار والانهزامية والشعور بكوننا ضحية. قبل أن يتجسد شيء ما، يجب أن يكون موجودًا في الفكر، ومع وجود حواجز ذهنية سائدة، لن يتمكن الآشوريون من إعلان دولتهم حتّى لو كان هناك قرار من مجلس الأمن التابع للأمم المتحدة. لم نتمكّن أبدًا من تخيّل حرّيتنا بجدّية، لذلك يجب أن تبدأ آشور في الوجود أولاً في أذهاننا قبل أن تصبح حقيقة واقعة. إنّ التحدّي الأكبر ليس هزيمة الأتراك

أو العرب أو الأكراد بل العدو داخل أنفسنا، فنحن بحاجة إلى هزيمة الفكرة الموجودة داخلنا وفيما بيننا بأن الأوان قد فات أو أصبح صعباً أو مستحيلاً. لا يمكننا أن نبدأ في الاقتراب من الهدف إلا عندما نهزم العدو في ذاتنا ونبتعد عن سلوكنا المدمّر للذات.

ان التحدي الذي ينتظرنا يتطلب فكراً آشوريًا جديدًا تمامًا، والنهوض من حالتنا المأساوية الحالية لنصبح أسيادًا على أرضنا سيتطلب رؤية طويلة المدى وقدرة على التحمّل، فنحن لم نصبح أقلّية في بلاد آشور بين عشية وضحاها، وطريق العودة لن يكون قصيرا، ولا ينبغي أن نتخيّل أنّنا سنقف قريبًا حاملين السلاح على أبواب نينوى، فالطريق إلى هناك سيكون طويلا ومليئا بالتحدّيات ويتطلّب كافة جهودنا.

دعوة للتجدّد

نحن بحاجة إلى تجدّد أيديولوجي لإخراج أنفسنا من الوضع الحالي، وما هذا الكتاب إلّا محاولة لتوفير ذلك. إنّ مبدأ تقرير المصير الآشوري حاسمٌ وغير قابل للتفاوض، وبدونه لا مبرّر للأيديولوجيا ولا أمل للأمّة في البقاء على المدى الطويل. ولذلك يسعى هذا الفكر الآشوري التقدّمي إلى معالجة القضايا الرئيسة وتوفير قدر أكبر من الوضوح.

انّ التجدّد الأيديولوجي أمر بالغ الأهمية، إلّا أنّه لا يكفي لإحداث التغيير الجذري المطلوب، ولكي يكون له تأثير حقيقي، يجب أن يؤدي إلى تغيير ذاتيّ في الأفراد الذين يؤيدون الحركة القومية الآشورية، وهناك حاجة إلى التواضع والعقل المستنير الراسخ في الحاضر بدلاً من الاستراحة على المجد الشخصي

وتذكر أيام المجد الماضية، فبدلاً من ذلّ التسوّل والسذاجة، نحتاج إلى الإيمان بقدرتنا، وإلى إحداث نهضة فكرية وثقافة سياسية أكثر نضجا وعقلانية، وبدلاً من مطاردة حياة الوفرة المادّيّة، نحتاج إلى تكريس جزء من طاقتنا لأمر أكثر أهمية من أي واحد بيننا.

الصراع العادل

ان التاريخ هو شهادة على مسالمتنا وإنسانيتنا، فمنذ آلاف السنين، سعينا للعيش في سلام مع جيراننا، والفكر الآشوري التقدّمي هو استمرار لهذه المبادئ الانسانية، لكن الاختلاف هو أنّنا لم نعد مضطرين لقلب الخدّ الآخر. إنّها أيديولوجية تهدف إلى احياء واحدة من أقدم أُمم العالم وأكثرها تعرّضاً للاضطهاد. نحن لا نسعى لإخضاع الآخرين أو قمعهم، ولا نكافح من أجل الانتقام من أخطاء الماضي، ولكنّنا نسعى إلى تحقيق العدالة، فحتى يومنا هذا نحن مضطهدون ومطرودون من بلاد آشور. إنّ كفاحنا يهدف إلى إنهاء هذا القمع، وهو نضال من أجل حقوق الانسان، حيث لا تستند تطلعاتنا إلى أحلام الحنين إلى إمبراطورية قديمة ولّت، بل نحن نسعى فقط إلى حقّ الشعب الآشوري في العيش بسلام وحرية على جزء من أراضيه وفقًا للقانون الدولي، ونرغب مثل الدول الحرّة، في التمتّع بفرصة أن نكون ما نحن عليه دون انتقاص أو اضطرار لتقديم ايّة تنازلات. إنّنا نتمنّى من خلال كفاحنا، أن تزدهر اللغة والهوية والثقافة الآشورية والّا تشكّل فقط تراثًا منقرضًا منتشرًا في متاحف العالم. نريد إقامة دولة ديمقراطية تكون فيها حقوق الفرد مصانة، حيث يتساوى الجميع أمام القانون، وحيث تُحترم حقوق الأقليات، اذ ستمكّن الدولة الآشورية الشعب الآشوري من أن يصبح جزءًا من المجتمع العالمي ويعمل من أجل تقدم الإنسانية،

وستكون الدولة الآشورية المستقبلية موطناً آمناً لأبنائها، وركيزة استقرار في منطقة غير مستقرة، وقوّة من أجل عالم أفضل.

المثال الأعلى

لقد ساعدنا في التأثير على تاريخ العالم، وبالمقابل تغيرنا بتأثيره في الماضي. لقد فتح أسلافنا عالمهم ووصلوا إلى أعلى قمّة في التاريخ، بينما تمّ إخضاع أحفادهم وإسقاطهم في أعمق هاوية. لقد كنّا في الطليعة في ثلاث مراحل: الأولى، الإمبراطورية القديمة العظيمة وحضارتها المتميزة، والثانية، إمبراطوريتنا المسيحية العالمية والإيمان الذي نشرته، والثالثة إنسانيتنا الثابتة وإيماننا بالسلام في مواجهة عالم قاسٍ وعنيف. لقد كنّا دائما في نواح كثيرة سابقين زماننا، فقد بنينًا إمبراطورية عندما كان الآخرون يعيشون كقبائلٍ، وأنشأنا أوّل كنيسة في جميع أنحاء العالم حين كانت الأُمم تتلمس طريقها في الظلام الروحي، واخترنا الإنسانيّة عندما التزمت البشرية بقانون العقوبات على أساس مبدأ العين بالعين والسنّ بالسنّ. لأوّل مرة خلال رحلتنا الطويلة، نتخلف الآن كثيرًا عن الكثير من الآخرين. كان أسلافنا حكماء بما يكفي ليهتدوا بالمثل العليا والشجاعة لتحقيقها، ولدينا الآن فرصة لإثبات أنّه لا يزال لدينا القدرة لاحياء ما نؤمن به، وقد قامت أُمم أخرى حكم التاريخ عليها بالموت ولكنها تحدت الموت، ونحن أيضًا يجب أن نجعل من البقاء الأبديّ مصيرنا، حيث تكمن حريتنا في أيدينا ونحن فقط يمكننا كتابة الفصل التالي من تاريخنا الطويل. سوف تقوم آشور فقط من خلال إيماننا وإرادتنا التي لا تقهر وعملنا الجاد، لذلك دعونا نلتف حول هذا المثل الأعلى والإيمان بالحرية من خلال استقلال آشور.

ملاحظات

تطور الهوية

١. Kampen för ett fritt Assyrien II ، ٢٠١٢، ص. ١٠٤
٢. المرجع نفسه ، ص. ١٥٠
٣. أبونا ، ٢٠٠٨ ، ص ٦١

عواقب وخيمة

٤. جريدة حويادا، المجلد ١٥،العدد ١٠
٥. أفرام ٢٠١٢، ص ٢٢١
٦. جي جوريك من كاربوران ٢٠١٥ ، ص. ١٦-١٧
٧. المرجع نفسه، ص. ٢٠
٨. المرجع نفسه، ص. ٢١
٩. لوبديل، ١٨٥٩، ص ٢٧١
١٠. أبونا، مصدر سابق، ص. ٦٠

الإرادة بدون قوّة

١١. Kampen för ett fritt Assyrien II، ٢٠١٢، ص. ١٤٥
١٢. المرجع نفسه، ص ١٦٨
١٣. المرجع نفسه ، ص ١٠٣
١٤. Islams vrede ، ٢٠٠٣ ص ٤٨

١٥. المرجع نفسه، ص ٥٦
١٦. المرجع نفسه، ص ٥٦
١٧. المرجع نفسه، ص ٥٦
١٨. المرجع نفسه، ص ٥٧
١٩. المرجع نفسه، ص ٥٩
٢٠. المرجع نفسه، ص ٦٨
٢١. ستافورد، ١٩٣٥، الفصل السادس
٢٢. مالك، ١٩٣٥، الفصل الرابع ٩٧
٢٣. النضال من أجل آشور حرة ٢ ، ٢٠١٢ ص ٢٨

شجاعة بلا جدوى

٢٤. دونابد، ٢٠١٦ ص ١٤٥
٢٥. النضال من أجل آشور حرة ٢، ٢٠١٢ ، ص ١٧٩
٢٦. دونابد، مرجع سابق، ص ١٠٤

الحركة المريضة

٢٧. يواش، ٢٠١٦: https://www.youtube.com/watch?v=joG3Q7k5vHg
٢٨. مقال على الإنترنت: ملاحظات رئيس الوزراء شارون في الذكرى المئوية لوفاة تيودور هرتزل، ٢٠٠٤
”Prime Minister Sharon's remarks on the 100th anniversary of Theodor Herzl's death, 2004"

المصادر

Aboona, Hirmis. 2008. *Assyrians, Kurds, and Ottomans Inter communal Relations on the Periphery of the Ottoman Empire* New York: Cambria Press

Bet-Sawoce, Jan. [ed.] 2012. *Kampen för ett fritt Assyrien II.* Stockholm: publisher Bokförlaget Nsibin

Bet-Sawoce, Jan. [ed.] 2015. *Kampen för ett fritt Assyrien III.* Stockholm: publisher Bokförlaget Nsibin

Malek, Yusuf. 1935. *The British betrayal of the Assyrians.* USA: Kimball Press

Stafford, Ronald Sempill. 1935. *The Tragedy of the Assyrians.* [...]: G. Allen & Unwin

Donabed, Sargon George. 2015. *Reforging a forgotten history: Iraq and the Assyrians in the twentieth century.* USA:Edinburgh University Press

Afram, Gabriel. 2012. *Inkräktarna: assyriernas historia i Sverige.* Stockholm: Gabriel Afram.

The journal Hujådå. 1992. *Ashur Yousuf: anledningen till assyriernas bakåtskridande.* Hujådå. volume 15, No. 10.

Daniel Bar-Tal, Lily Chernyak-Hai, Noa Schori and Ayelet Gundar. 2009. *A sense of self-perceived collective victimhood in intractable conflicts.* 91: 874 International review of the Red Cross.

Bet-Sawoce, Jan. 2015. J. *Gorek från Karboran.* Stockholm: publishers Bok förlaget Nsibin

Lobdell, Henry. 1859. *Memoir of Rev. Henry Lobdell, M.D. Translate missionary of the American board at Mosul including early history of the Assyrian mission.* Boston: The American Tract Society

Bet-Sawoce, Jan. [ed.] 2003. *Islams vrede.* publishers Bet froso. Stockholm

أبونا، هرمز. ٢٠٠٨. العلاقات بين الآشوريين والأكراد والعثمانيين في محيط الإمبراطورية العثمانية، نيويورك: مطبعة كامبريا

بيت سوعا، ينايرـ(محرر) ٢٠١٢. النضال من أجل آشور الحرة ٢ ستوكهولم: الناشرون دار نسيبين للنشر

بيت سوعا، يناير. (محرر) ٢٠١٥. النضال من أجل آشور الحرة ٣ ستوكهولم: الناشرون دار نسيبين للنشر

مالك، يوسف. ١٩٣٥. خيانة البريطانيين للآشوريين. الولايات المتحدة الأمريكية: مطبعة كيمبال

ستافورد، رونالد سيمبيل. ١٩٣٥. مأساة الآشوريين. (...): ج. ألن وأونوين

دونابد، سركون جورج. ٢٠١٥. إعادة صياغة التاريخ المنسي: العراق والآشوريون في القرن العشرين. الولايات المتحدة الأمريكية: مطبعة جامعة إدنبره

افرام، جبرائيل. ٢٠١٢. الغزاة: تاريخ الآشوريين في السويد ستوكهولم: جبرائيل افرام

مجلة حويادا. ١٩٩٢. آاشور يوسف: سبب انحدار الآشوريين. حويادا المجلد ١٥، ١٠

دانيال بار تال، ليلي تشيرنياك هاي ، نوا شوري وأيليت جوندار. ٢٠٠٩. الشعور بالضحية الجماعية المتصورة في النزاعات المستعصية. ٩١: ٨٧٤ المجلة الدولية للصليب الأحمر

بيت سوعا، كانون الثاني. ٢٠١٥. ج. كوريك من كاربوران. ستوكهولم: الناشرون دار نسيبين للنشر

لوبديل، هنري. ١٨٩٥. مذكرات القس. هنري لوبديل ، (دكتور في الطب) ترجمة مبشرة من المجلس الأمريكي في الموصل بما في ذلك التاريخ المبكر للبعثة الآشورية. بوسطن: جمعية المسالك الأمريكية

بيت سوعا، كانون الثاني. (محرر) ٢٠٠٣. سلام الإسلام. الناشرون دار نسيبين للنشر فروسو. ستوكهولم